思想者指南系列丛书（中文版）

THINKER'S GUIDE LIBRARY

U0730401

透视教育时尚

EDUCATIONAL FADS

（美）Richard Paul （美）Linda Elder / 著

王　勣 / 译　王晓红 / 审校

外语教学与研究出版社
FOREIGN LANGUAGE TEACHING AND RESEARCH PRESS
北京 BEIJING

京权图字：01-2019-3645

Original copyright © Foundation for Critical Thinking, 2006
Chinese translation copyright © Foreign Language Teaching and Research Publishing
Co., Ltd, 2019

图书在版编目 (CIP) 数据

透视教育时尚／（美）理查德·保罗（Richard Paul），（美）琳达·埃尔
德（Linda Elder）著 ；王勠译. -- 北京：外语教学与研究出版社，2019.12
（2023.10 重印）
（思想者指南系列丛书）
ISBN 978-7-5213-1481-6

I.①透… II.①理… ②琳… ③王… III.①教学研究 IV.①G420

中国版本图书馆 CIP 数据核字 (2020) 第 028127 号

出 版 人　王　芳
项目负责　刘小萌
责任编辑　卫　昱
责任校对　曹　妮
封面设计　孙莉明　彩奇风
版式设计　涂　俐
出版发行　外语教学与研究出版社
社　　址　北京市西三环北路 19 号（100089）
网　　址　https://www.fltrp.com
印　　刷　北京虎彩文化传播有限公司
开　　本　850×1168　1/32
印　　张　3.5
版　　次　2020 年 11 月第 1 版　2023 年 10 月第 5 次印刷
书　　号　ISBN 978-7-5213-1481-6
定　　价　19.90 元

如有图书采购需求，图书内容或印刷装订等问题，侵权、盗版书籍等线索，请拨打以下电话或
关注官方服务号：
客服电话：400 898 7008
官方服务号：微信搜索并关注公众号"外研社官方服务号"
外研社购书网址：https://fltrp.tmall.com

物料号：314810001

记载人类文明
沟通世界文化
www.fltrp.com

序言

　　思辨能力，或称批判性思维，由两个维度组成：在情感态度维度包括勤学好问、相信理性、尊重事实、谨慎判断、公正评价、敏于探究、持之以恒地追求真理等一系列思维品质或心理倾向；在认知维度包括对证据、概念、方法、标准、背景等要素进行阐述、分析、评价、推理与解释等一系列技能。

　　思辨能力的重要性是不言而喻的。两千多年前的中国古代典籍《礼记·中庸》曰："博学之，审问之，慎思之，明辨之，笃行之。"古希腊哲人苏格拉底说："未经审视的人生不值得一过。"可以说，文明的诞生正是人类自觉运用思辨能力，不断适应并改造自然环境的结果。游牧时代、农业时代以及现代早期，人类思辨能力虽然并不完善，也远未普及，但通过科学技术以及人文知识的不断积累创新，已经显示出不可抑制的巨大能量，推动了人类文明阔步前进。那么，进入信息时代、知识经济时代和全球化时代，思辨能力对于人类文明整体可持续发展以及对于每一个个体的生存和发展，其重要性更将史无前例地彰显。

　　我们已进入一个加速变化、普遍联系和日益复杂的时代。随着交通技术和信息技术日新月异的发展，不同国家和文化空前紧密地联系在一起。这在促进合作的同时，也导致了更多的冲突；人类所掌握的技术力量与日俱增，在不断提高物质生活质量的同时，也极大地破坏了我们赖以生存的自然环境；工业化、城市化和信息化程度的不断提高，全方位扩大了人的自由空间，同时却削弱了维系社会秩序和稳定的价值体系与行为准则。这一切变化对人类的思辨能力和应变能力都提出了前所未有的要求。正如本套丛书作者之一理查德·保罗（Richard Paul）在其所创办的批判性思维中心（Center for Critical Thinking）的"使命"中所指出的，"我们身处其中的这个世界要求我们不断重新学习，习惯性重新思考我们的决定，周期性重新评价我们的工作和生活方式。简言之，我们面临一个全新的世界，在这个新世界，大脑掌控自己并经常进行自我分析的能力将日益决定我们工作的质量、生活的质量乃至我们的生存本身。"

遗憾的是，面临时代巨变对人类思辨能力提出的新挑战，我们的教育和社会都尚未作好充分准备。从小学到大学，在很大程度上我们的教育依然围绕知识的搬运而展开，学校周而复始的考试不断强化学生对标准答案的追求而不是对问题复杂性和探索过程的关注，全社会也尚未形成鼓励独立思辨与开拓创新的氛围。

我们知道，人类大脑并不具备天然遗传的思辨能力。事实上，在自然状态下，人们往往倾向于以自我为中心或随波逐流，容易被偏见左右，固守成见，急于判断，为利益或情感所左右。因此，思辨能力需要通过后天的学习和训练得以提高，思辨能力培养也因此应该成为教育的不懈使命。

哈佛大学以培养学生"乐于发现和思辨"为根本追求；剑桥大学也把"鼓励怀疑精神"奉为宗旨。美国学者彼得·法乔恩（Peter Facione）一言以蔽之："教育，不折不扣，就是学会思考。"

和任何其他技能的学习一样，学会思考也是有规律可循的。

首先，学习者应该了解思辨的基本特点和理论框架。根据理查德·保罗和琳达·埃尔德（Linda Elder）的研究，所有的推理都有一个目的，都试图澄清或解决问题，都基于假设，都从某一视角展开，都基于数据、信息和证据，都通过概念和观念进行表达，都通过推理或阐释得出结论并对数据赋予意义，都会产生影响或后果。分析一个推理或论述的质量或有效性，意味着按照思辨的标准进行检验，这个标准包括清晰性、准确性、精确性、相关性、深刻性、宽广性、逻辑性、公正性、重要性、完整性等维度。一个拥有思辨能力的人具备八大品质，包括诚实、谦虚、相信理性、坚忍不拔、公正、勇气、同理心、独立思考。

其次，学习者应该掌握具体的思辨方法。如：如何阐释和理解文本信息与观点？如何解析文本结构？如何评价论述的有效性？如何把已有理论和方法运用于新的场景？如何收集和鉴别信息和证据？如何论证说理？如何识别逻辑谬误？如何提问？如何对自己的思维进行反思和矫正？等等，等等。

最后，思辨能力的提高必须经过系统的训练。思辨能力的发展是一个从低级思维向高级思维发展的过程，必须运用思辨的标准一以贯之地训练思辨的各要素，在各门课程的学习中练习思辨，在实际工作中使用思辨，在日常生活中体验思辨，最终使良好的思维习惯成为第二本能。

"思想者指南系列丛书"旨在为教师教授思辨方法、学生学习思辨技能和社会大众提高思辨能力提供最为简明和最为实用的操作指南。该套丛书直接从西方最具影响力的思辨能力研究和培训机构——批判性思维基金会（Foundation for Critical Thinking）原版引进，共 21 册，包括"基础篇"：《批判性思维术语手册》《批判性思维概念与方法手册》《大脑的奥秘》《批判性思维与创造性思维》《什么是批判性思维》《什么是分析性思维》；"大众篇"：《识别逻辑谬误》《思维的标准》《如何提问》《像苏格拉底一样提问》《什么是伦理推理》《什么是工科推理》《什么是科学思维》；"教学篇"：《透视教育时尚》《思辨能力评价标准》《思辨阅读与写作测评》《如何促进主动学习与合作学习》《如何提升学生的学习能力》《如何通过思辨学好一门学科》《如何进行思辨性阅读》《如何进行思辨性写作》。

由理查德·保罗和琳达·埃尔德两位思辨能力研究领域的全球顶级大师领衔研发的"思想者指南系列丛书"享誉北美乃至全球，销售数百万册，被美国中小学、高等学校乃至公司和政府部门普遍用于教学、培训和人才选拔。该套丛书具有如下特点：其一，语言简洁明快，具有一般英文水平的读者都能阅读。其二，内容生动易懂，运用大量的具体例子解释思辨的理论和方法。其三，针对性和操作性极强，教师可以从"教学篇"子系列中获取指导教学改革的思辨教学策略与方法，学生也可从"教学篇"子系列中找到提高不同学科学习能力的思辨技巧；一般社会人士可以通过"大众篇"子系列掌握思辨的通用技巧，提高在社会场景中分析问题和解决问题的能力；各类读者都可以通过"基础篇"子系列掌握思维的基本规律和思辨的基本理论。

可见，"思想者指南系列丛书"对于各类读者提高思辨能力均大有裨益。为了让该套丛书惠及更多读者，外研社适时推出其中文版，可喜可贺。

总之，思辨能力的高下将决定一个人学业的优劣、事业的成败乃至一个民族的兴衰。在此意义上，我向全国中小学教师、高等学校教师和学生以及社会大众郑重推荐"思想者指南系列丛书"。相信该套丛书的普及阅读和学习运用，必将有利于促进教育改革，提高人才培养质量，提升大众思辨能力，为创新型国家建设和社会文明进步作出深远的贡献。

孙有中
2019 年 6 月于北京外国语大学

目录

引言

教育的发展史，也是人们对于可以解决所有教育问题的万能之法的追求史。各种方法层出不穷，试图快速解决那些根深蒂固的教育问题。这种现象如今愈发凸显。结果，学校的办学精力越来越分散，并且浪费了大量的时间和金钱。许多教师也变得越来越愤世嫉俗、疲惫不堪。

我们应该认识到，流行一时的教育时尚无法改进教育；各种教育潮流的推销模式使它们必然也沦为教育时尚。时尚，从本质上讲，注定要自我消亡。家长、教育工作者和热心市民需要了解各种教育时尚的弊端，这样他们才能有效地分辨在教育改革中付出的努力哪些是实质性的，哪些是浅层次的。因此，作者产生了编写这本指南的想法。

我们所谓的"时尚"，指的是短期内备受追捧的某个概念。在学校教育中，这通常意味着某个看似新颖非凡的概念风靡一时。似乎有了它，任何人都无需付出多大努力就可以使教与学得

教育时尚

整合

评价

真实性教学与真实性评价

课段式课程表

布鲁姆教育目标分类法

基于脑科学的教与学

品格教育

特许学校

选择（代金券与私有化）

建构主义

合作学习

核心知识

创造性思维

批判性思维

文化素养

讲授式教学法（通过讲课传授课程
　内容）

情绪智力

女性主义和性别问题

天才教育

全球教育

探究式教学

智力

综合课程

学习风格

多元文化主义

多元智能理论

到改观。时尚，顾名思义，来得快，去得也快，因而我们不能指望它能够显著地提升教学成效。我们所谓的"潮流"，指的是特定方向的总趋势或总动向。这些教育潮流通常持续七到十年，但也可能持续更长的时间。

本页及上页的侧边栏里列出了当下流行的一些教育潮流或时尚（所列并不全面）。每一种时尚都有其支持者。对于每一种时尚，我们都必须从理论基础及其运用的合理性这两个方面进行批判性分析。请注意，这本指南里提到的某些时尚或潮流，可以理解为"对（如评价、智力等）的强调"。这一点你在通读完列表后就会明白了。

除此之外，我们也可以把诸如预防药物滥用、预防虐待儿童、性教育、课外活动、学校改进、遏制流氓团伙、预防暴力、反饥饿和营养不良、主流化、个性化教育、不同种类的特殊教育、预防辍学与高危青少年干预计划等列入清单。这个清单似乎无穷无尽。

不让一个孩子掉队
成果导向教育（标准本位教育）
自然拼读法和整体语言教学法的对比
档案袋评价或另类评价
解决问题
"提高标准"运动
重建学校运动
校本管理
择校
产学合作运动
自尊运动
苏格拉底诘问法
理解性教学
主题式课程

教育时尚

大多数教育潮流或时尚都源于合理的教育理念，但只有将这些理念整合成教育的实质性概念，才能提升教学。很遗憾，当前的学校教育中，这些理念往往是通过非实质性的、碎片化的教育概念被强加于教学，因而无法促进教学。在这本指南中，我们将对当下的许多教育潮流和时尚进行简要评价。

我们的目标是让每一种教育时尚的基本观点清晰明了，这样才能促使人们思考如何正确利用（同时避免误用）这些教育时尚。我们也将为读者提供一些可用于讨论这些理念的关键问题。我们将从三个角度来评论每一种教育潮流或时尚：

- 教育潮流或时尚的核心观点；
- 在教育中的恰当运用（当它被整合进教育的实质性概念时）；
- 可能的误用（当它没有得到合理运用时）。

我们的目标不是对这些教育时尚进行全面细致的解释。我们一般推荐大家去阅读美国教育期刊《联谊会》，上面的文章更为详细地介绍了几乎所有的教育潮流或时尚。大多数公共图书馆里都有这一期刊。我们的目标是提供一个基础，有了它，所有的教育潮流或时尚一目了然，使得对此感兴趣的人能领会其核心观点，了解它潜在的用途以及被误用的情况。只有了解了这些，他们才能明白那些关于教育改革的讨论，才能提出相关的实质性问题，并且找到答案。

我们给出每种教育潮流或时尚的核心观点，这样读者就会了解其背后的基本理念。我们介绍它的教育用途，这样读者就会了解如何在教学中合理运用或借鉴这种理念。我们分析它被误用的情况，这样读者可能就会注意它的不恰当（通常也是最有可能的）用法。

大部分人被各种教育时尚的浪潮冲击得晕头转向；大多数教育工作者被牵着鼻子四处乱走；有些人则以牺牲实质性教育为代价，狂热地追随某种教育时尚。实际上，不论这些教育潮流本身具有什么实质性内容，只要追随者对其基本理念存在错误或肤浅的理解，再加上他们一开始就没能树立教育的实质性概念，这些教育潮流最终都会沦为教育时尚。

我们需要一起走下教育时尚的过山车。如果我们认真对待批判性思维的实质性概念（这在教育史上具有开创性意义），我们就能成功。走下教育时尚的过山车，意味着我们不能把任何教育理念想象成万能灵药，而应该把这些理念视作从属于教育的实质性概念的组成要素。

教育的实质性和非实质性概念

我们所说的教育的实质性概念，指的是可以突出教育的必要组成部分的概念，是可以为我们清楚地指明如何理解"受过教育的人"以及如何设计教育过程的概念。许多流行的教育概念之所以是非实质性的，是因为它们模糊不清，分散而肤浅，具有误导性。它们没有强调不同学科的共同之处，没有阐明哪些是必要的认知标准，没有明确哪些是必要的认知特质（即那些一旦习得，可指导我们正确运用心智的个人特征）。相反，在这些概念指导下的教学主要是对个体进行技能训练，给他们灌输知识或让他们社会化，而不是真正对个体进行教育。在教学过程中，教师应该教给学生一些必要的认知技能、认知标准和认知特质，而这些流行的概念忽略了这一点，所以基于这些概念培养出的学生并非真正受过教育的人。

教育的实质性概念
（受过教育的人）

标准与能力

受过教育的人拥有共同的认知标准与认知能力。他们重视并寻求清晰、准确、精确、相关、深刻、宽广、有逻辑、重要的思考。反之，如果一个人的思考一贯不清晰、不精确、不准确、不相关、肤浅、狭隘、逻辑混乱或者毫不重要，我们就不能说他／她受过教育。

此外，受过教育的人掌握构成和定义思维结构的要素：

- 受过教育的人通常会识别主要目的和目标，并明确提出实现那些目的和目标所需解决的问题、难题和议题；
- 受过教育的人会收集相关信息，并能根据这些信息作出合理的推论（以处理他们一直试图回答或解决的问题、难题和议题）；
- 受过教育的人会注意（思考背后的）关键假设以及（由思考产生的）重要的影响和结果；
- 受过教育的人能有效地分析关键概念，识别各种视角，必要时能够转变这些概念或／和视角（以处理难题，解决问题）。

认知特质与价值观

受过教育的人在思想、工作和生活的各方面都表现出认知谦逊、认知诚实、认知自主、认知正直、认知毅力、认知共情和公正公平的特质。这些特质为我们正确运用心智奠定了必要基础。如果缺乏这些特质，人们在思考和做事时就会以自我为中心，不尊重推理与证据（除非符合个人利益），对他人的福祉漠不关心（他们以自我为中心，不理解他人）。

这些认知标准、认知能力、认知特质与价值观经过整合之后，共同界定什么样的人是受过教育的人。如果没有它们，人们就无法内化学术内容的逻辑，而且在日常生活中遇到难题或需要作出决定时也不能进行有效而公正的推理。

教育的实质性概念
（教育过程）

教育的实质性概念不仅强调受过教育的人应该具备什么品质，而且能够表明如何对教育过程进行合理的设计。培养有教养的人最基本的条件是采用能够促进受教育者提升其认知标准、认知能力和认知特质的教学模式。所有传统的学科教学本可以促进这些标准、能力和特质的提升，但事实往往并非如此。

例如，教授历史学的实质，是教授历史学思维。历史学课程的主要教学目标是训练学生用历史学思维思考问题（分析、评价、重构历史阐释以及历史问题）。最终，学生不仅学会如何根据自己的认识和理解解读历史文本，而且学会如何收集重要的历史事实，写出结构严谨的历史学论文。通过这种教学模式，学生会明白历史学思维在自己的生活和社会文化生活中的重要性。掌握了这种思维之后，历史学对于他们来说，不再是一些混乱的历史事实，而是理性看待过去的一种方式，这种方式能够帮助他们在当下作出明智的决定，为未来作出合理的规划。

教授科学的实质，是教授科学思维。科学课程的主要教学目标是训练学生用科学思维思考问题。最终，学生不仅学会如何根据自己的认识和理解解读科学文本，而且学会如何提出科学可靠的假设，作出科学合理的预测，设计科学的实验，用科学的方法收集事实，基于收集的事实作出科学合理的推论。当学生能够有效地完成这些时，他们就会明白科学思维在自己的生活和社会文化生活中的重要性。掌握了这种思维之后，科学对于他们来说，不再是需要记忆的一些混乱的科学事实和理论，而是理性看待世界、了解其系统功能的一种方式，是利用其内在规律造福人类和生物界的方法。

教授数学的实质，是教授数学思维。数学课程的主要教学目标是训练学生用数学思维思考问题。最终，学生不仅学会如何根据自己的认识和理解解读数学文本，而且学会如何提出并分析数学问题，如何根据问题已知的信息推出答案（并对答案进行解释和检验）。当学生能够有效地完成这些时，他们就会明白数学思维在自己的生活和社会文化生活中的重要性。掌握了这种思维之后，数学对于他们来说，不再是为了应付考试而死记硬背的一些混乱的、关于数字和立体图形的实例，而是以量化的方法分析世界的一种方式，是一系列经过精确定义的、能够造福人类和生物界的概念和观点。

教授文学的实质，是教授文学思维。文学课程的主要教学目标是训练学生用批判性思维、分析性思维思考文学文本。最终，学生不仅学会如何根据自己的认识、理解以及鉴赏标准解读长篇小说、戏剧、短篇小说和诗歌，而且学会如何提出并分析文学问题，如何根据文学文本信息推理得出合理的阐释以及鉴赏判断（对于这些阐释和判断，他们能够提出充分的理由来解释并且辩护）。当学生能够有效地完成这些时，他们就会明白文学、文学思维以及想象力在自己的生活和社会文化生活中的重要性。文学成为了解人性和人类境况的一种重要方式，成为洞察力与愉悦感的终身来源。

如果教师采用教育的实质性概念来指导教学设计，那么学生便能学会（在他们所学的学科范围内）理解、分析以及评价自己和他人的思维。这样一来，他们就会在生活的各个方面更加合理有效地行事。他们能有这样的表现是因为他们掌握了必要的认知工具和认知标准，可以进行合理的推理，能够作出个人判断和专业判断。自我评价成为他们生活中不可或缺的一部分。他们能够掌握各学科内容。他们能熟练地进行听、说、读、写。他们能运用所学知识提高自己和他人的生活质量。他们成为通情达理、公平公正的人：即使他们不赞同某些看法，他们也能做到从对方的角度去思考；即使身边的人全都不加批判地接受某些观点，不该赞同时他们还是不会赞同。他们能运用推理技能改善自己的情感生活，从而转变自己的欲望和动机。他们逐渐能有效而公正地思考、体验和行动。

从表层"治理"学校

教育治理没有灵丹妙药，轻而易举地解决学校教育中存在的问题是不可能的。要想解决问题，我们就必须改变经营学校的思维方式，必须说服那些按照自己的思维方式经营学校的人采用教育的实质性概念。

但是，经营学校的人的思维方式千差万别，而我们能直接掌控的只有我们自己的思维。所以，即便我们参与其中，用我们的思维方式影响学校的事务，其他人的各种思维方式也必定会影响学习质量。正因如此，该问题较为棘手，短期内不可能得以解决。下面我们来分析一下教育过程中不同角色的人的思维方式。

管理者的思维模式

很少有管理者理解教育的实质性概念。通常，他们只注重解决短期问题，处理投诉，排解纠纷，确保达到法律和官方所规定的要求。总之，教育的概念，无论是实质性的还是非实质性的，似乎都是毫无意义的抽象概念，和他们日常处理的问题无关。同时，核心管理人员的思想会影响他们的决策，而这些决策对教与学产生的影响立竿见影且深远持久。他们的决策会极大地影响在职进修项目的设计、课程设置以及对教与学的评估。他们是否有领导能力决定着教育的实质性概念能否得到探讨，更决定着它是否会得到家长、教师或者校董会的重视。就在职进修项目而言，管理者通常觉得，政治上的权宜之计是从不同教师群体所推崇的各种教育时尚中挑选一些出来并提供多种选择。各个项目之间缺乏整合，而且几乎从未有管理者要求推荐人将其推荐的教学理念整合到教育的实质性概念中。

教师的思维模式

很少有教师理解教育的实质性概念。教师通常关注的是每天的生存问题：把课备好，不卷入校园里的钩心斗角，适应体制，将最新的教育时尚搬到课堂（通常是按照管理者针对某一新的教育时尚提出的指令行事），努力完成课程设置的要求。教师不仅要承受繁重的教学任务，还要批改大量的试卷，应付一大堆其他要求。对于他们来说，眼前的或者短期内的紧急任务似乎主宰了他们的生活，而思考长远目标或者教育的实质性概念往往像是"空中楼阁"——抽象、理论化、不切实际。

学生的思维模式

学生的思维模式会影响其对老师、同学以及学习内容的态度（积极主动或者消极被动）。很少有学生了解教育的实质性概念。大多数学生认为学校要么是嬉戏打闹的社交场所，要么是硬着头皮不得不去的地方。他们从未在课堂上听过关于教育是什么的讨论，因而不知道应该努力学习什么、为什么要学习。学生只有了解了教育的实质性概念，才有可能积极配合，进而提升他们的认知标准、认知能力以及认知特质，而这些是他们成为受过教育的人的必要条件。

家长的思维模式

在养育孩子的过程中，家长的思维模式会影响其决策，而这些决策又会对孩子在课堂上的学习态度以及理解力产生重要的影响。可惜，很少有家长理解教育的实质性概念。有的家长甚至要求孩子死记硬背大量的知识内容，因为他们在学生时代就是这么做的（他们认为自己就是通过这样的方式接受的教育）。有的家长则只关心孩子的评分等级和考试成绩，逼迫孩子考出好分数，然后从高中毕业，进入职业学院或者考上名牌大学。很少有家长清楚地了解（更不用说深入了解）受过教育的人是什么样子的。

校董会成员的思维模式

校董会成员的思维模式会影响学校的长远目标与决策，以及达到那些目标所需采取的大致方针。然而，很少有校董会成员理解教育的实质性概念。他们中很少有人掌握认知工具，因此很难对"受过教育的人"

这一概念形成合理的认识。他们中也很少有人进行终身学习。

立法者和地方长官的思维模式

　　立法者和地方长官的思维模式会影响公共政策，决定学校以及教学项目能够得到的财政支持的层次和种类。他们大多自以为准确了解了学校的需求。但是说实话，他们当中很少有人理解教育的实质性概念。

热心市民的思维模式

　　尽管很多热心市民发现学校教育存在根本性问题，对学校的现状提出质疑，给学校施加压力，要求学校修正改进、重新定向，并给予学校支持，但是很少有人理解教育的实质性概念。

（实质性的）
学校治理

无论何种层次的非实质性思维，都会对教育产生消极影响。可悲的是，我们还没有学会为自己肤浅的思维担负责任，这就是我们现有的文化。我们思考，但却不知道我们是如何思考的。我们思考，但却不理解我们思考时使用的标准与准则。我们思考，但却不知道如何根据所思考的问题的本质来调整我们的思维方式。简而言之，我们思考，但是一般不会深入探究我们所面对的问题。

如果解决人类的种种问题存在唯一的办法，那么这个办法就是培养严谨的、反思性的实质性思维。但是，每个人必须自行培养缜密的推理能力，必须通过自己的思考培养批判性思维技能与品性。我们不能进入你的头脑中，修正你的思维模式；我们不能强行改变你对自己的思维模式的认识或者改变你对学校教育的是非判断；我们甚至不能强迫你重视思维的培养。反过来，你也无法对别人这样做。你不能进入别人的头脑中，改变他们的思维模式。会思考、懂教育的实质性概念的管理者既不能把这个概念灌输进其他管理者的头脑中，也不能灌输进教师或家长的头脑中。懂教育的实质性概念的教师既不能把这个概念灌输进其他教师的头脑中，也不能灌输进学生的头脑中。最终，一个人只有通过与他人合作才能影响他人。如果仅从自己的角度思考，你通常会觉得自己的想法看似好极了，不需要改变什么。（换句话说，如果人人都像你这么想，这个世界就太美好了，对吧？）

接下来我们会简要总结一下各种教育潮流和时尚，供你参考。我们的目标是说服你认同以下观点，即学校治理没有"灵丹妙药"。提高教育质量唯一合理的办法是在教育的实质性概念的基础上培养深度思维能力。教育的实质性概念相对成熟，可以以此为基础，不断吸纳其他合理的理念，从而改进学校教育，避免通常会出现的碎片化或昙花一现的现象。肤浅、碎片化的思维模式会不断给我们带来不利影响，破坏我们的未来，歪曲我们的过去，浪费现在的种种机会。

培养严谨的实质性思维是教育改革的核心目标，是取得长期成功的关键。我们将运用这种思维系统地回顾和评价当下许多教育潮流和时尚，以论证这种思维的重要性和必要性。通过系统地培养我们的思维能力，并且不断鼓励、激励和奖励他人培养深度思维能力，我们将尽一切可能去提高学校教育的质量。

在评论每一种具体的教育潮流或时尚之前，我们要做两件事情。第一，我们会从三个方面总结获得实质性教育所必要的学习要求：技能与能力、认知标准与特质、思维模式。第二，我们会向每位热衷于教育改革的人提出一些必答题，不论他们倡导何种教育潮流或时尚。

获得实质性教育

跨学科学习必备的技能与能力

学生应该理解并且有效运用构成人类思想领域内思维结构的要素。[1]
为了达到这个要求，学生应该：

- 在掌握课程主题和内容的过程中，准确识别主要目的和目标，并明确提出实现那些目的和目标所需解决的问题、难题和议题；
- 在掌握课程主题和内容的过程中，有效地收集相关信息和数据，并能根据这些信息作出合理的推论（以试图回答或解决问题、难题和议题）；
- 在掌握课程主题和内容的过程中，会注意（思考背后的）关键假设以及（由思考产生的）重要的影响和结果；
- 在掌握课程主题和内容的过程中，有效地分析关键概念和观点，识别相关的视角，必要时（为了处理难题或解决问题）转变自己的观念或视角。

跨学科学习必备的认知标准

学生应该理解并且有效运用跨学科认知标准，因为它们是进行合理思考的必要条件。

为了达到这一要求，学生应从以下标准对思考进行评价：

- **清晰性**（有效地判断思考是否得到了充分的陈述、阐释、说明和例证）；
- **准确性**（有效地判断思考是否存在错误或曲解）；
- **精确性**（有效地判断思考是否需要进一步详细说明和准确描述）；

---

1 请参阅附录部分，查看批判性思维基础概念概览。

- 相关性（有效地判断思考是否与亟待解决的问题相关）；
- 深刻性（有效地判断思考是否充分考虑了问题的复杂性）；
- 宽广性（有效地判断思考是否涉及了各种重要的视角）；
- 逻辑性（有效地判断思考是否说得通，是否前后一致）；
- 重要性（有效地判断思考是否能解决重要的问题、难题和议题以及能解决到什么程度，而非关注那些琐碎或者次要的事物）；
- 公正性（有效地判断思考是否真诚地考虑了相关人士的看法）。

跨学科学习必备的认知特质

学生应该培养认知特质，因为认知特质一旦养成，便能够指导他们正确运用心智。

为了达到这一要求，学生应具备以下特质：

- 公平公正（根据观点自身的优劣作出评价，而不是出于个人的情感或私利，或者出于朋友、团体或国家的情感或私利）；
- 认知自主（在推理与证据的基础上分析、评价观点；独立思考）；
- 认知礼仪（认真对待他人，视他们为思考者，尊重他们并充分重视他们的观点，即使他们和我们的意见相左）；
- 信赖推理（遵从理性，思考时条理清晰、合乎逻辑，遵循证据，不盲从偏信）；
- 认知勇气（勇于表达不合主流但更合理的观点；勇于审视自己的看法是否合理）；
- 认知好奇（在试图了解世界的过程中，对弄清事物的本质有强烈的愿望，而且自己能够提出并探究问题）；
- 认知共情（设身处地地了解他人的观念体系和视角，从他们的角度来理解他们的看法）；
- 认知谦逊（了解自己无知的本性和程度，认识到自身知识水平的局限性）；
- 认知正直（忠实于自己的想法，始终坚持自己的认知标准，对于倡导他人做的事情自己会身体力行，坦率承认自己在思想和行为上的不足和不一致）；

- 认知毅力（无论遇到多少困难、障碍或者挫折，都会长期从事有挑战性的智力工作）。

学习各科目必备的思维模式

学生应该学会依照所学学科内在的逻辑进行思考。

为了达到这一要求，学生应该通过运用思维要素，掌握基本的思维模式。这些思维模式包括：

- 历史学思维：提出重要的历史问题；分析、评价和重构历史阐释；理解多种历史概念和不同的历史观点；根据自己的认识和理解解读历史文本、撰写历史学论文；利用历史学思维在当下作出明智的决定，为将来作出切实的规划；

- 公民思维：提出重要的社会和公民问题；分析、评价和重构对社会潮流的阐释；理解多种社会和公民概念以及相互矛盾的社会和政治观点；批判地阅读各种报纸和新闻杂志；根据自己的认识和理解撰写社会评论；从社会理想与人权的角度评价当今社会政治现实以及政策方针；利用公民思维在当下作出明智的决定，为将来作出切实的规划；

- 科学思维：提出重要的科学问题；分析、评价和重构科学阐释；提出科学可靠的概念、理论和假设，作出科学合理的预测，设计科学的实验，收集科学的事实，作出科学合理的推论；区分科学推理和神学推理；利用科学思维在当下作出明智的决定，为将来作出切实的规划；

- 数学思维：提出重要的数学问题；分析、评价和重构数学阐释以及数理关系；作出合理的数学推论；掌握数学概念和原理；对于定量问题，能够利用数学思维作出明智的判断；根据对文本内在的数学思维的理解解读数学文本；

- 文学思维：提出重要的文学问题；分析、评价和重构文学阐释以及文学关系；作出合理的文学推论；利用文学思维对小说和诗歌作出明智的判断；运用批判性思维、分析性思维思考文学文本；根据自己的认识、理解以及鉴赏标准解读长篇小说、戏剧、短篇小说和诗歌；通过对文学文本信息进行推理得出合理的阐释以及鉴赏判断（对于这些阐释和判断，他们能够提出充分的理由来解释并且辩护）。

每个热衷于教育改革的人的必答题

- 你认为教育是什么？
- 你认为受过教育的人是什么样的？
- 人们必须具备哪些能力（才被认为受过教育）？
- 受过教育的人必须具备哪些认知标准？
- 受过教育的人必须具备哪些认知特质？
- 你认为教育过程是什么样的？（一个人应如何从事育人工作？）
- 所有学科内容呈现的共同认知结构有哪些（这些认知结构使学生能够将其在一门学科内所学的知识与其他学科内所学的知识进行联系或对比）？
- 在教学过程中，教师应该如何呈现学科内容？（应该如何讲授历史学、科学、数学或文学？）
- 学生应该如何学习学科内容？（他们应该如何学习历史学、科学、数学或文学？）
- 我们应该如何理解一门学科的基本教学目标？
- 当我们评价学生在学习过程中的表现时，我们应重点评价哪些方面？
- 如何让 _____（填入教育潮流或时尚的名称）为教育的实质性概念服务？将这个问题作为引子引出其他问题，进一步探究教育潮流或时尚和基本认知能力、认知标准以及认知特质之间的关系，探究其与教育过程的基本要素之间的关系。
- 该教育潮流或时尚如何帮助学生更有效地分析、评价自己以及他人的思考？

- 它如何帮助学生在生活中做到行为得体、行动有效？
- 它如何帮助学生将自我评价融入生活中？
- 它如何帮助学生掌握各学科的知识内容？
- 它如何帮助学生熟练地听、说、读、写？
- 它如何帮助学生提高自己和他人的生活质量？
- 它如何帮助学生成为通情达理、公平公正的人？
- 它如何帮助学生运用推理技能改善自己和他人的情感生活？
- 它如何帮助学生有效而正直地思考、体验和行动？

其他与教育潮流或时尚有关的问题

- 它如何帮助我们修正管理学校的思维模式？
- 它如何帮助管理者从重点解决短期问题、处理投诉、排解纠纷、确保达到法律和官方所规定的要求，转变为注重推动实现实质性教育？
- 它如何帮助管理者重视教师的授课方式和学生的学习方式产生的长期影响？
- 它如何帮助教育的实质性概念成为日常讨论的重要话题？
- 它如何帮助我们解决碎片化学习和浅层学习的问题？
- 它如何帮助教师转变教学重点，从关注日常生存中解脱出来，以教育的实质性概念为基础，教授学生如何进行实质性学习？
- 它如何帮助学生转变对学校的认识，从认为学校要么是嬉戏社交的场所，要么是硬着头皮不得不去的地方，转而认为学校是教会他们如何生活的地方？
- 它如何帮助家长树立教育的实质性概念？
- 它如何帮助校董会成员树立长远目标，制定为教育的实质性概念服务的宏观政策？
- 它如何帮助所有影响或参与学校教育的人集思广益，专注于如何营造一种有利于（实质性）教育的氛围或者环境？

教育时尚与潮流

接下来我们将对各种教育时尚与潮流进行分析和评判。对于每种时尚或潮流，我们都会介绍它的核心观点、在教育中的恰当运用以及可能的误用。我们并不幻想这本指南能够面面俱到，我们旨在通过举例来说明如何理解某种教育时尚的核心观点，进而领会其最核心的价值与弊端。

整合

核心观点： 越来越多的人开始重视教育"整合"，因为人们越来越意识到他们无法接受学校体系以及教与学中存在碎片化和不连贯的现象。学校里的事务往往没有任何实质性意义，甚至称不上清晰明了。许多问题造成了当前教育中的"无整合"（碎片化）现象。

其中一个重要的影响因素是学校雇员中没有多少可以称之为专家的人（这些人只将工作重点局限于自己的领域，缺乏与他人有效合作）。

另一个因素是校训口号往往表述不清或者空洞无物，没有起到整合与凝聚的作用。大多数校训口号不过是一些由校委会拼凑的模糊、高调、极其空洞的短语（只是为了向家长或者社区领导展现学校的正面形象），缺乏凝聚力。

第三个因素是教科书的设计不合理。越来越多的教科书变成了百科全书，某个作者形容读这样的书是一种"毁脑式的体验"。

第四个因素是，教师们自己最初在学习某个科目时采用的方法非常分散，现在他们又按照这种方式来讲这门课——别人怎么教我们，我们也怎么教其他人。教师们经常是靠考前的死记硬背和填鸭式学习通过大学的各门课程。一直以来，他们的学习都是碎片化的，导致现在他们的教学内容像一份清单，教完这个教那个，安排得明明白白。

最终的结果是，教师教授的内容大多都很浅显，很少有实质性内容。往往是教师教得太多，学生学得不精。总而言之，我们应该重视教育整合，这一点毫无疑问。但关键是整合应该包括什么，我们在精确地整合什么以及是如何进行整合的？

在教育中的恰当运用： 如果学校教育是基于教育的实质性概念展开的，那么教育过程中的每一个关键要素都可以以整合的形式呈现，如课程设置、教学方法、教材使用、教学内容、评价体系、教学成果、教学标准、教工发展等。我们应该采用切实可行的策略克服碎片化、浅层化的现象。认知标准、必备的能力与特质应该是教育整合的重点。我们应该审查课程设置、教学方法、教材使用、教学内容、评价体系、教学成果、教学标准和教工发展等各个方面，来判定它们是否以及如何促进学生培养认知标准、必备的能力与特质。

当然，仅有学科内部的整合是不够的，我们必须进行跨学科整合。然而，只有当我们达成共识，认识到所有的学科都有一个深层的共同特征，即所有学科都是思考与推理模式，跨学科整合才可能实现。因此，如果一个人要学习这些学科，就必须进行思考和推理。换句话说，要想掌握一门学科，就要学习如何对该学科内容进行推理（例如数字推理，历史推理，阅读时的推理，写作时的推理，关于动植物、社会群体的推理，等等）。

可能的误用： 如果没有教育的实质性概念作指导，告诉我们需要整合什么，教育整合很可能只是浅层的整合，而且具有误导性。表面上的整合很可能会取代真正的实质性整合。如果课堂教学没有实质性改变，只是言语辞令上的变化，就容易导致教育整合停留在表层。换句话说，课程设置、校训口号中可能多了一些具有整合意味的表达，但实际上并未形成一个统一的教育的实质性概念。真正的整合并不是一件简单的事情。真正的整合首先需要分析并评价教育的所有要素，这些要素必须经受教育的实质性概念的审视。在此基础上，更新每门学科的教学设计；形成指导课程设置与教学过程的核心指导理念；把学科内容当作思维模式进行反思；重新设计评价体系，着重考察学生应具备的能力、标准和特质；教师职业发展的重点是探究符合教育的实质性概念的教学策略；

所有其他在职进修项目都必须支持教育的实质性概念。

没有教育的实质性概念的指导和检验，这些必要的整合都不可能实现。相反，教师们碎片化的思维方式依然不经审查，那些宣扬整合的说辞在课程设置和教学指南里随处可见。这些教师完全不懂如何把科学当作科学思维来教，把文学当作文学思维来教。他们不认为教阅读是在教"娴熟读者的阅读思维"，也不会把数学当作数学思维来教。

更糟糕的是，思维本身无法得到合理的分析或评价。因为教师们不懂思维的基本结构，因此无法利用这些结构进行分析。

他们无从得知如何从清晰性、准确性、相关性、深刻性、宽广性、逻辑性和重要性这几个方面来评价思维，因此他们不会从这些角度进行评价。备考时，学生往往习惯于死记硬背教科书里或课上讲的零碎知识。教师不知道如何教给学生诸如认知毅力或认知谦逊等重要的特质。没有认知毅力，一旦功课变难或充满挑战时，学生就会放弃学习。没有认知谦逊，学生就不会认识到自己的无知，因此缺乏学习的动力。

总而言之，整合在教育过程中的地位不言而喻，但更重要的是要了解我们整合的是什么以及我们是如何进行整合的。

评价

核心观点：教师只有知道如何对学生的学习性质和学习质量进行合理的评价，才能有效地设计教学。如果教师不了解学生对于他们所教授的内容掌握到了什么程度，就无法对教学进行调整。数年来，关于学生的学习存在很多错误的认识，而学校教育往往是建立在这些错误的认识的基础上。例如，我们经常认为，如果学生能记诵好考试内容，就意味着他们真正理解了考试内容，必要时就能在现实生活中有效地运用这些内容。

很多时候，学校教育的质量反映了学校教育中采用的评价方法的好坏。例如，如果我们把记忆和背诵能力作为评价的重点，那么我们会培养出一大批这样的公民，他们只擅长做需要记忆和背诵的工作。再比如，如果我们评价的重点是通过碎片化学习学到的浅层信息，那么我们会培养出一群思想肤浅、思维碎片化的学生。

我们必须按照学校教育的主要目标来设计评价体系，但前提是我们要考虑清楚这些目标，而不是随意制定出模糊、高调而且空洞无物的目标。

由此可知，如果我们的主要目标之一是让学生成为终身学习者和思辨者，那么评价的主要目标应该是判断学生在多大程度上学会了如何评价和提升自己的思考与学习。

在教育中的恰当运用：教师和学生都需要学习评价的基本逻辑——评价与主观偏好的不同之处，如何设定评价目标，如何提出评价性问题，如何收集与问题相关的事实，如何设定评价标准，如何公正地将评价标准运用于收集的事实。实际上，人类所有的思想与行为都渗透着价值判断，而作出价值判断需要具备评价思维。我们必须对人物、书籍、食物、汽车、房屋、人际关系、工作、学校等一切具备优点或价值、一切对我们有利或有害的事物作出评价。

因此，我们必须将合理评价学生学习的方法纳入教育设计。我们必须实现以下几方面的整合与融通：校训口号、课程设置、教材使用、教学设计和评价设计。我们必须先对上述整合作出评价。我们必须确保评价的标准基于教育的实质性概念，教与学的总体设计也必须如此。

这意味着我们必须评价教师是否在教授以及学生是否在学习必要的能力、标准与特质。另外，我们必须对以下问题进行评价：教师如何得到雇佣、评估以及职业发展培训？行政决策和实践如何影响学生的学习？学生的态度和学习习惯如何影响学生的学习？家长支持与否如何影响学生的学习？我们有责任为所有学生提供实质性教育，而且我们必须从这个角度对现有的教育体系进行评价。

可能的误用：我们很容易对评价产生误解。不要以为"评价"本身就是好的。教师、学生，事实上我们所有人，都在不断对不同的情况、不同的人和经历进行评价，只可惜我们在评价时经常会使用不恰当的标准。所以"评价"这个理念本身并不神秘，进行得体、合理、有逻辑、准确的评价才是我们的目标。

在课堂上，我们很容易认为我们能对学生的学习进行有效监督（仅仅是因为我们在"评价"它），其实不然。通常，我们注意不到教学中最明显的失误。例如，许多学生开始厌恶数学（拜数学教学所赐）；许多学生开始厌学（拜所有的教学所赐）；许多学生开始觉得学校这个地方解决不了他们生活中的重要问题；许多学生开始觉得所谓的学习应该是（当考试临近时）消极被动、默默地记诵笔记。以上所有的"学习"都不是主动的。多年来，我们对此毫无察觉。即使是现在，我们也几乎从不评价我们的教学究竟失败到了什么程度。

通常，学生会"学到"知识是由教师决定的，因为学生只有说出教师想听的，才能拿高分，哪怕学生不理解自己所说的内容。所以尽管许多学生能够把民主政府定义为民有、民治和民享的政府，但很少有学生能够解释它与民有但不民治或不民享的政府之间的区别。

而且，很少有学生知道终身学习者是什么样的，也不知道如何评估和评价自己的想法、情感、行为、决定以及生活。由此可知，在现代学校教育中，一些本该使用和发展的最重要的评价方式几乎被彻底忽视。

这样的教学导致很多学生误以为评价就是表达主观喜好。许多学生和教师认为所有的评价都可以随心所欲地作出，仅仅代表个人观点。他们没有认识到通过真实的评价才能得出合理的判断，也正因如此，真实的评价能经得住多方审视。要想作出真实的评价，我们必须合理运用认知标准。

要做到对意义学习进行高质量的评价，我们还有很长的路要走，主要是因为教师自己通常对意义学习也没有清晰的认识。要做到教会学生认识评价的本质，教会他们如何在生活中严格自律地评价自己，也还有很长的路要走。

真实性教学与真实性评价

核心观点：对真实性教学的推崇基于的认识是，如果给学生安排的任务和测验不能反映他们在今后的工作和生活中遇到的实际问题，学生就不能作好充分的准备。因此，教师应教授学生知识，让学生真正理解，并且最重要的是，知道如何在生活中运用这些知识。如果学生以这样的方式学习，他们的学习就是"真实"的。真实性教学与真实性评价通常针对的不仅是那些适应现实社会所需的技能与能力，更确切地说，是有效处理复杂问题的技能与能力，类似的复杂问题我们在生活中都会遇到。

真实性评价常见的例子包括：

- 展示技能，或展示如何运用特定知识；
- 模拟练习与角色扮演；
- 建立工作室作品集，有策略地挑选作品；
- 展览与展出。

真实性教学的理念是课堂活动应该尽可能反映真实生活。真实性评价的理念是教师应该评价学生在真实的生活情境中运用所学技能的能力。

在教育中的恰当运用：对真实性教学与真实性评价的推崇和基于教育的实质性概念展开教学的需求不谋而合。教育的实质性概念之所以重要，是因为它包含了获取成功所必要的学习方式。世界上最有价值的是清晰、准确、相关、深刻、有逻辑、重要的思考。为了能在生活中思考得当、行为得体，人们需要监控自己对主要目的与目标的思考，并以严谨的方式思考以达到那些目的与目标；需要准确提出最重要的问题、难题或议题，收集解决这些问题所需的相关重要数据和信息。每一项基本能力与特质的培养都需要通过类似的方式。例如，如果一个人不相信推理，他／她就不会费力去收集证据，也不会尊重证据。他／她会随心所欲，以自我为中心，故意忽视合理的推理。

因此，我们应该定期反思自己的教学，判断我们所教的内容和我们想要学生最终在现实生活中获得的知识与能力是否能很好地吻合。如果不吻合，我们应该对教学作相应的调整。例如，如果在数学课上我们让学生记忆公式，我们就需要反思记忆公式能否帮助他们在现实生活中应用数学。再如，如果学习历史学就是要记忆历史事实，因为考试考查的就是这种记忆能力，那么我们首先要反思我们为什么教历史学。我们必须反思我们是否相信历史学思维是成功的重要组成部分，如果是的话，又该如何在课堂上培养这种思维。

重要的是，我们要进行教学设计，这样才能为学生的成功奠定坚实的基础。我们应让学生明白他们日后会面临哪些挑战和困难。相应地，给学生布置的课堂任务应该模拟那些挑战和困难。如果学生日后必须应对复杂事物，那么我们应该设计教学活动，让学生当堂就解决复杂难题。如果学生未来必须定义问题，解释问题，并思考解决问题的替代策略，那么我们必须在学校就布置任务，要求学生定义问题，解释问题，思考并评价解决问题的替代策略。如果学生日后需要评价自己的思考和工作，那么我们现在就必须告诉他们评价的要求有哪些，并布置相关任务，让他们评价自己的思考和学习。

在现代学校教育体系下，学生很少进行严格的评价型推理。但是，评价型推理对每门学科的学习与实践都至关重要。如果学生没有学会如何评价自己的学习、行为、情绪反应、想法与判断，那么他们就不能为生活中任何重要的方面作好准备。作为父母、工作者、消费者和市民，我们不断被要求作出评价。如果我们不知道如何评价，把评价和自己的主观反应、主观偏好混淆，我们的生活质量就会大打折扣。

总而言之，我们应该教会学生使用恰当的认知标准定期评价自己的学习，因为合理运用这些标准是实现理性生活的必要条件。我们应该教会学生定期分析推理，因为推理在生活中无处不在，个人生活质量的高低取决于其推理水平的高低。我们应该教会学生培养认知品质、特质和品性，因为这些是进行公正的批判性思考的必要条件。

可能的误用：真实性教学和真实性评价很容易被误解。表面上能够培养真实理解力的教学任务可能实际上没能模拟学生日后的生活经历。为了模拟现实，在设计课堂教学结构和应用真实性评价时必须注重提升学生的推理能力，这样学生通过这些项目的训练，能够在实际生活中更好地进行推理。

真实性评价常见的例子包括：

- 展示技能，或展示如何运用特定知识；

- 模拟练习与角色扮演；
- 建立工作室作品集，有策略地挑选作品；
- 展览与展出。

我们可能会提出以下问题：

- 我们在培养学生的哪些技能？这些技能如何帮助学生在即将面对的复杂社会中更好地进行推理？
- 成年人一生中平均会换七次工作，我们如何判定学生需要哪些"特定知识"？其次，学生如何证明他们会在真实的生活情境中用这些知识？
- 我们应采用哪些类型的模拟练习和角色扮演？它们如何模拟现实？我们如何确保学生运用认知标准去评价自己或者他人在模拟练习和角色扮演中的推理？我们如何确保认知标准能够运用于真实的推理情境中？
- 这些作品集里包含什么内容？它们能培养哪些具体的推理能力、技能与特质？
- 我们应采用哪些类型的展览与展出？它们如何帮助学生更好地对现实生活中的复杂问题进行推理？

换言之，单看这些典型的真实性评价方法，我们并不清楚它们是否会促进学生的深度学习或提高学生的理解力——这对受过教育的人来说非常重要。方法是否有效取决于每种评价方法的具体要求以及该方法是如何应用于教与学的。

换句话说，倡导真实性学习的人常常会说真实性学习需要有效情境，学习者应严谨细致、认认真真地学习。这些说起来很容易，但是具体该做什么，还需要用明确的教育的实质性概念来详细说明。

例如，提到真实性评价，大多数学生和教师对客观评价与主观反应之间的区别知之甚少。结果，他们在评价时使用的标准要么只是针对一时一事（不具有普遍性），要么随心所欲（主要反映其主观偏好）。当我们要求学生评价学习时，他们常常只是表达一下个人好恶。真实性教学与真实性评价应该具备这样的评价视野：能够明确区分真实的评价和纯粹的主观反应。学生和教师需要把握一点：所有真实的评价最终都会产生合理的判断，因此经得住多方审视（反复核查）。例如，我们可以对目的、问题的提法、收集的信息、使用的标准以及运用这些标准的方式提出质疑。

根据弗雷德·纽曼和加里·韦拉格的说法，只有满足以下条件，教学才是"真实的"：

1. "旨在帮助学生实现高质量的学习"；

2. 促进"倡导高质量标准的教学"，即教学应"要求学生进行思考、深入理解并运用文化课所学知识解决重要的现实问题"。

（《成功的学校重建》，学校组织与重建研究中心编，第3页）

课段式课程表

核心观点：课段式课程表背后的理念通常和重建学校的总体理念有关。课段式课程表是学校倡导的"结构"变革的代表，这里的变革指的是对于教学课时划分的变革。这种理念的思路大致是这样：传统学校中，教学日会安排很多节课，导致大量的时间浪费在跑动和安顿上。因此，在传统课堂上学生根本没有时间深入探讨某个话题。针对这个问题提出的解决办法是，减少科目，增加课段时长，以帮助学生开展深度学习。

在教育中的恰当运用：毫无疑问，传统初高中通常会每天安排很多节课，导致学生在任何一节课上都没有时间进行深度学习。总的来说，减少教学科目并增加课段时长，让教师深入地展开教学，这种想法很好。一般而言，教师和学生在一起的时间越长，就越能深入地探讨一个话题、议题或者主题。

可能的误用：课段式课程表的主要弊端是，一天有更多的时间来学习某个科目并不意味着难题就会自动解决。重要的不是时间长短，而是教师用这些时间来做什么。如果教师只是将授课时间延长，或者做一些无用功，那么教学不会得到丝毫的改进。因此，教师的目标应该是有效地利用长课时。为了达到这一目标，学校要对教职工进行长期培训，帮助教师改变他们的教学观念（包括如何专注于核心指导理念，如何要求学生进行推理而不是给出主观反应，如何让学生进行深度理解以及如何教会学生进行自我评价），从而改变他们的授课习惯。

重申一遍，关键在于增加课段时长是否能让教师重视那些对于教育的实质性概念来说至关重要的能力、标准与特质，是否能帮助学生按照所学科目的逻辑运用那些能力、标准与特质进行思考。当然，这要求教师学会如何向学生示范某种思维模式（如历史学、数学、科学思维），如何（通过具体的课堂活动和任务）让学生培养这种思维模式，如何让学生（在思考之中和思考之后）认真负责地评价自己的思考。"课段式课程表"理念本身无法解决我们的这些问题。

布鲁姆教育目标分类法

核心观点：布鲁姆教育目标分类法的理念是，教学通常按照教与学预设的顺序进行。

- 知识：第一，必须有要学习的、可辨识的"知识"；
- 领会：第二，为了获取这个知识，我们首先要通过某种方式初步"领会"它；
- 运用：第三，只有能够在现实生活中的事例、情境中"运用"这个概念，我们对它的领会才会变得具体，不再抽象；
- 分析：第四，为了深入理解一个概念，我们必须能把它分解成各个组成要素；
- 综合：第五，为了理解已经"分析"过的概念，我们要能够把已分解的各个要素组合成整体，并能发现各要素之间的相互关系；
- 评价：第六，为了掌握所学知识，我们必须能够"评价"此前学习的完整性与准确性。

在教育中的恰当运用：如果教师能遵循上述基本步骤并能根据每一步提出的要求灵活展开教学，那么教育目标分类法就具有一定的实用性。例如，教师不可能一开始就把知识扔给学生，让他们自己学习。无论如何，教师应该知道自己想让学生学什么，并且能够用某种方式展现给学生，让他们消化。这个消化的过程和初步的"领会"密切相关。一旦学生有了初步的领会，教师就能运用实际例子（知识在现实生活中的应用）帮助他们巩固已有的领会。

布鲁姆教育目标分类法的前三个阶段可以这样解释：

1. 让学生用自己的话陈述他们要学习的知识（初步的知识）；
2. 让学生用自己的话详细阐释他们通过初步陈述明白了什么（初步的领会）；
3. 让学生以自身生活经历为例，用自己的话举例说明他们陈述和详细阐释的内容（初步的运用）。

第一个"三步"是所有学习的起点（涵盖了陈述、详细阐释、对概念和观点等进行举例说明的能力），向我们展示了如何正确使用布鲁姆提出的"知识""领会""运用"三阶段。

第二个"三步"（"分析""综合""评价"）也可以这样来解释。初步的领会和举例说明之后，可把知识分解成八个组成部分：

- 知识的目的；
- 激发人去求知的问题；
- 知识背后的信息；
- 将知识串联起来的概念；
- 知识暗含的假设；
- 我们获得知识时得出的推论；
- 知识产生的影响；
- 能使我们以整合的眼光把所有部分组合成整体的视角。

一旦我们能把知识分解成部分（分析），我们就能把各个部分组合成一个系统、综合的整体（综合）。最后，我们可以评价自己的思维，判断它是否具备清晰性、准确性、精确性、相关性、深刻性、宽广性、逻辑性、重要性和公正性（当然，运用这些标准进行评价时，要确保它们和分析的议题或问题相关）。

可能的误用：为了将布鲁姆的分类法有效地运用于教学，教师每次使用时都必须仔细考虑每一个步骤。否则，对这些步骤的运用很可能只停留在表面。

- 第一，教师应该让学生把学习的重点放到重要的知识上（从而帮助学生牢固掌握基本概念和重要概念）。换句话说，知识本身没有好坏之分。教师需要仔细思考，辨别清楚深刻与浅显、重要与不重要的概念，重点关注那些对学生的学习至关重要的概念。

- 第二，这些步骤的顺序可以根据背景和情境的要求有所改变。换句话说，不必把它们看成是步骤，而应该把它们当作学习中重要的概念或过程。例如，布鲁姆分类法中的每一个学习步骤都有对应的评价方式。因此，我们不应该把评价局限于学习的最后一步。再如，当我们提到知识时，我们指的也许是初步的理解，也可能是对某个概念的深刻掌握。对一个概念的深刻掌握与理解，可能要花费数月，甚至数年才能完成。

- 第三，分析过程中的每一个步骤本身需要陈述、详细阐释、举例说明（因此"分析"本身可能涉及若干认知过程，要求具备多种能力）。

- 最后，布鲁姆教育目标分类法并未明确要求运用批判性思维，但如果教师主动运用它，那么它能帮助教师更有效地使用布鲁姆教育目标分类法。

简而言之，教师在使用布鲁姆教育目标分类法时，可以进行批判性思考，也可以不加批判地思考。

基于脑科学的教与学

核心观点：毫无疑问，人类大脑为人类学习提供了主要的生理和神经基础，那么我们有理由认为关于大脑本质的信息可能会帮助我们了解人类学习的本质，从而了解如何通过教学促进学习。基于脑科学的教与学背后的理念是，通过学习关于大脑功能的最新研究成果，从而设计出符合那些研究发现的教学。

在教育中的恰当运用：大脑研究能为我们提供的充其量只是关于教学和学习的各种假设。这些假设都是某个人在阐释大脑功能研究的意义时顺便提出来的。无论如何，这些假设必须通过我们从日常经验中获得的对人"脑"的了解来加以检验。例如，我们知道人脑有时会自我欺骗——人们经常用自私的、误导人的方式来解读事实，以"保护"自己免受潜在内疚感的折磨。人们觉得追求既得利益这种行为是正当的，因此会以这样的方式看待事物。他们会用种种方式伪装自己，使得追求利益显得像是在捍卫仁义道德。

这些是与（大部分）人类行为相关的"事实"。因此，大脑研究不能证明自我欺骗不会发生，因为我们能通过经验判断它的确存在。大脑研究可以帮助阐明我们在自我欺骗时大脑是如何运作的。然而就目前的情况而言，大脑研究并不能清楚地说明大脑是如何进行自我欺骗的。我们对自我欺骗的现有认识，来源于直接经验以及从非神经学角度对自我欺骗进行的研究。

现在，我们能通过（大脑研究和人类的自我欺骗）这个例子总结得出大脑研究的大致情况，以及我们对大脑的大致了解。数千年以来，我们一直在收集关于人类大脑的事实。

我们可以轻易地列举出一些关于人类大脑的重要事实，这些事实无法通过大脑研究来证明，例如以下情况：

1. 我们对于家庭、人际关系、婚姻、童年、权威、宗教、政治、教育等方面的看法在很大程度上受文化、国家和家庭的影响（虽然并不只受这些因素的影响）；

2. 生而为人，我们对世界的思考往往有很强的以自我或社会为中心的倾向；

3. 通常，他人的想法和我们的想法相符时，我们才认同他人是正确的，否则不然；

4. 我们倾向于认为，我们归属的团体——我们的宗教、国家、朋友——是独特的，而且优于其他人归属的团体；

5. 我们倾向于认为，和我们愿意相信的东西相一致的事物是正确的；

6. 我们倾向于认为，能提升我们的财富、权力和地位的事物都是合乎情理的。

关于人类大脑的类似事实还有很多，未来某一天大脑研究也许可以帮助我们从神经学的角度进行解释。但是，不要认为我们很快就会得到那些解释，或认为那些解释本身会有助于我们了解如何减轻我们的精神病态倾向。

在对大脑研究的现有阐释进行探究时，我们需要做的是：第一，谨慎对待那些针对教与学作出的推论（这些推论是对研究数据的阐释，本身不一定就是事实）；第二，通过我们对大脑的现有认识（与大脑研究无关）来证明我们对研究数据的解读是否合理；第三，牢记关键问题——"这些关于大脑功能的阐释如何帮助我们提高培养各种认知技能所需的能力？"

可能的陷阱：将大脑研究的成果运用于教学设计或学习策略，这样做存在许多潜在的问题。最大的问题之一在于大脑研究的成果呈现两种形式："硬"数据和"软"阐释。一方面，研究获得的"硬"数据极为科学可靠，但是在设计教与学方面它对我们的帮助微乎其微，因为（没有相应的、起中介作用的"阐释"）它不能为我们提供清晰、可借鉴的思路。另一方面，关于大脑研究的阐释时常有争议，因为它们是"软"的。它们不是科学，而只是将当代的科学加以转化使其有用武之地的简单尝试（它们在某个领域的应用，通常是无心插柳所得）。

教师们纷纷尝试将当代的科学转化为教育学的"真理"，这样的例子在教育史上数不胜数。这种历史本身应该引起我们的高度警觉。过去40多年来，为了把行为科学引入教育实践中，大脑研究的狂热者们投入了大量的精力与热情。现在，他们不再热衷于行为科学，转而支持神经以及生化科学研究。事实上，尝试在"科学"与"教育学"之间进行交叉研究的人，最好同时是这两个领域内优秀的思辨者。而且，他/她要熟悉交叉研究领域内做过的类似尝试以及常出现的结果（研究造成教学过程向某一方向扭曲，等到下一轮"大众化"研究的新浪潮兴起时，教学过程又向另一个方向扭曲）。

另一个问题恰恰是基于脑科学的教与学经常使用的辩驳，即对大脑的性质以及大脑如何运转的研究是一个不断发展变化的广阔领域。不久前，许多推广者纷纷追捧"左右脑分工理论"。这一理论郑重其事地告诉我们：一个人要么是右脑型的，要么是左脑型的；我们各式各样的想法要么是右脑产生，要么是左脑产生；因此，尽管我们的学生千差万别，我们也要识别出他们受到哪个半脑的主导，然后才能因材施教。目前，脑科学研究的狂热者早已抛弃了这些一概而论的脑半球宣告（但又为我们介绍新的"权威真理"）。显然，每隔几年就彻底转变我们的教学法，从而"适应"最新推广的理念，这种做法毫无意义。

品格教育

核心观点：品格教育关注的是社会中的"不道德"行为。倡导品格教育的人提出，我们有责任培养年轻人的伦理观，这样他们才会为我们共同的福祉作出贡献，而不是对反社会和自私自利的行为习以为常。品格教育的倡导者认为有必要对公民进行培养，使其内化基本的伦理价值观与伦理原则，并依据这些价值观与原则生活。品格教育具有意义，因为它有助于培养友善仁爱、体贴周到、体谅他人、诚实正派、勇于担当、公平公正的公民。任何一个理性的人都不会反对这一教育目标。

在教育中的恰当运用：只有当品格教育的设计者能够清晰地分辨以下这两种迥然不同的教育过程时，品格教育才能成功：

1. 向学生灌输社会认可的信仰与行为；
2. 培养普遍伦理原则与特质。

问题在于，管理者和教师并不是伦理原则与价值观方面的专家。

和大多数人一样，他们的是非判断往往是在伦理价值观、社会禁忌、宗教教义和法律事实共同作用下产生的模糊认识。换句话说，许多教师没有学过社会价值观（随社会形态变化而变化）和伦理原则（不随社会形态变化而变化，适用于一切有感知的生物）之间的本质区别。因此，在给学生讲授伦理原则时，他们经常不经意间教导学生要服从社会，导致真正的道德培养与服从社会、服从意识形态混为一谈。

因此，几乎每个人至少会在口头上支持普遍伦理原则的共同核心思想——例如，欺骗、诈骗、剥削、虐待、伤害或偷窃是不道德的行为，尊重他人包括自由和幸福在内的权利、帮助最需要帮助的人、谋求共同利益（而不只是个人私利和个人享乐）、努力让世界变得更加公正人道是每个人的道德责任。但是很少有人具备区分伦理判断与社会、政治、宗教和法律判断的能力。

因此，学生需要接受训练以培养区分伦理原则与社会规则的能力。他们需要接受伦理推理训练，而不是被洗脑，误认为是某个国家（而不是其他国家）决定这些伦理原则。学生需要有机会学习基本的伦理原则，但更重要的是，他们需要有机会在真实或假想的情境中运用这些原则，进而培养甄别真假伦理原则的洞察力。他们尤其需要学会应对人类道德说教的陷阱，认识到人们很容易会用冠冕堂皇的说辞掩饰个人私利和以自我为中心的欲望。

通过对伦理进行实质性学习，学生能够学会自我批评、道德自省的技能，熟悉伦理判断中常见的各种陷阱：排斥异己、自我欺骗、一味顺从。他们能够学会识别滥用伦理语言为社会意识形态、政治意识形态、情感主义和（或）既得利益服务的情况。对于有争议的案例（需要从多个视角来审视论证），他们能清晰地分辨伦理是非。他们能够识别以捍卫伦理道德为旗号而施加的莫须有的社会迫害。他们熟悉了那些清晰阐述普遍伦理原则的文件，例如《独立宣言》和联合国颁布的《世界人权宣言》。他们培养了伦理谦逊、伦理勇气、伦理正直、伦理毅力、同情心和公平公正的特质。这些特质与很多信仰体系（保守主义、自由主义、有神论、无神论，等等）倡导的特质一致。

实质性的课程设置会将对伦理问题的思考整合到各学科领域内，包括文学、科学、历史学、公民学与社会学。这就要求教师了解受过教育的人应具备什么能力、标准和特质，了解如何通过课程设置体现的思维模式来培养那些能力。为此，大多数教师都需要接受专业的培训，学习如何运用批判性思维进行伦理推理。例如，目前大多数教师对伦理原则（从整体上告诉我们应该做什么和不应该做什么）、伦理视角（用某个阐释体系系统地概括这个世界——保守主义、自由主义、有神论等）、伦理事实（为了和某一视角相符，可能被曲解）之间的区别并没有一个清晰的认识。

可能的误用：问题（品格教育失败）并不是出在一般原则层面，因为生活中很少有人会站出来公然反对人权，主张不公、奴役、剥削、欺骗、欺诈、偷盗、贪婪、饥饿、无知、虚假和人类苦难。另外，任何国家或团体对普遍伦理原则都没有专属权。但实际上，几乎所有的社会群体往往都不假思索地认为他们的社会规则与禁忌体现了普遍伦理原则。如果教师缺乏基本的鉴别能力，就很可能会助长专制思想或者道德相对论和认知相对论的泛滥，这两者都会导致各种危险的伪道德形式出现（例如，社会迫害、宗教迫害、排斥异己、侵犯隐私、滥用刑罚和思想狭隘）。尚未学会如何区分伦理原则与宗教、社会、法律和意识形态原则的人犯这种错误，是意料之中的，教师、管理者和市民大多如此。[2]

特许学校

核心观点：特许学校运动背后的理念是，公立学校体系受法律、官方以及僵化传统的约束，因而不能进行自我革新；学校只有摆脱学区官方机构的束缚，才能进行必要的变革。特许学校必须面向公众免费开放，而私立学校却在这方面享有自由。特许学校的"特许"表现在它们有各自的办学重点，以及实施变革、追求卓越的独特方式。人们认为，如果家长能够在特许学校和传统的公立学校之间进行选择，那么由此带来的竞争将会刺激公立学校提升教育质量。

在教育中的恰当运用：来自官方机构的限制减少了，自主程度会随之增加，课堂教学就很可能发生变化。这种想法合乎情理，但不能确保一定会产生长期的、实质性的转变，而且转变之后可能还不如原来，或者仅仅浮于表面。特许学校要想取得真正的成功，学校的领导层必须拥有真知灼见。校长以及至少是部分教师必须博学多识，能够寻求长远目标，避免肤浅空洞的说辞（大多数校训口号都是这样）。他们能意识到

2　要想更深入地理解伦理，请参阅本系列丛书的《什么是伦理推理》。

教学质量取决于设计和实施教学时采用的理念的质量，领悟到学习质量取决于学生在学习时思考的质量，认识到只有从根本上坚持跨学科认知标准，培养跨学科思辨能力，才能产生促进学生学习和成长的实质性变革。

可能的陷阱：就像那些转为校本管理的学校一样，只有教师和管理者正确理解是什么在阻碍高质量的学习，如何培养学生进行高质量的学习，并且愿意长期为促进学生进行高质量的学习而努力，特许学校才能成功。结合在职业发展工作坊里积累的评价教师工作表现的丰富经验，批判性思维中心展开了一项研究（参阅 1997 年理查德·保罗等人编写的《加州教师培训》）。该研究有力地表明，要想有实质性的改变，就需要转变教学范式，但很少有教师具备转变教学范式所需的技能。例如，研究表明，如今很少有教师理解什么是思辨能力，也不知道如何教授。而且，这种理解力不可能在短期内获得。

具体来讲，很少有教师能够理解认知标准，或能够将它们和俗称的"量规"区分。很少有教师能够欣然面对理论问题或者抽象概念（想要理解严谨的思维或者教授如何培养严谨的思维，这两者都必不可少）。很少有教师知道如何运用数学思维教授数学，运用科学思维教授科学，运用地理学思维教授地理学。很少有教师知道如何在学科内或者跨学科整合概念，如何培养学生有效解决问题或有效沟通的能力。因此，即使拥有特许学校享有的自由，教师和管理者们设计的教育体系和教学也很可能只会产生浅层次的而非实质性的变化。

选择（代金券与私有化）

核心观点：通过提供多种"选择"来改进教育的这种理念，和资本主义经济制度的理念一样。其观点是，学校迫于生源压力（就像企业被迫去争夺客户一样），不得不提高教学质量（否则就会因缺少生源而倒闭）。然而目前学校并没有太大动力去改进教学，因为无论它们改进与否，都会不断收到公共拨款。

将这一基本理念付诸实践，可以有许多不同的方法和替代策略。其中之一是允许私立学校和公立学校竞争。另一种策略是要求公立学校之间（而不是和私立学校）互相竞争。这种竞争的一个共同驱动力是"代金券"（每位家长为孩子选定学校后可以使用的一种抵充等额学费的纸券）。如果竞争是在盈利性私立学校和公立学校之间展开，那么就会涉及"私有化"这个概念。在对整个学校的运营进行"投标竞价"时，也可以引入私有化。

和特许学校的理念一样，这种模式的基本思想是："选择"和"竞争"双轮驱动，共同提高教学质量。只要公立学校有生源保障，它们怎么会有动力去提高教学质量呢？为什么不让私人投资者参与学校"规划"竞争呢？既然"盈利"经济学适用于工业，为什么不能有"盈利"的教育呢？而且，如果我们可以通过将学校的各种服务外包来节省经费，那么为什么不能将教学外包呢？

在教育中的恰当运用：目前，按照这种模式展开的试验很少。因此，判断这种策略是否有效还为时过早。它的效用很可能因特定的设计而异，有些设计可能奏效，有些则可能失败。草草地下结论，认为采用这种模式不能提升教学质量，既不合适也不合理。

可能的陷阱：在学校之间引入竞争模式存在固有问题。首先最明显的是很难确保公平竞争。例如，如果公立学校被迫和私立学校竞争，而私立学校不招收需要接受特殊教育的学生（因为培养这些学生需要付出更大的代价），那么这种竞争就不公平。另一个棘手的问题是如何选用恰当的评价手段来评价基于这种模式培养出的学生的质量。"选择"模式认为，家长能很好地评定教育质量（或者至少能做到和传统教师一样）。这一点未必正确，因为有些家长可能就喜欢那种给孩子灌输狭隘的政治或宗教意识形态的教育。

无论如何，我们不指望通过提供代金券或私有化的方式就能为更多的孩子提供实质性教育，除非家长倾向于选择注重培养孩子进行深度学习的学校，除非家长清晰地了解教育的实质性概念，否则这种情况不太可能。

建构主义

核心观点：建构主义的核心观点是，学生只有积极地在头脑中"建构"知识，才能学会知识。我不能代替你学习，你也不能代替我学习。教师不能将知识灌输进学生的大脑，学生也不能通过消极被动的听讲和漫不经心的重复来获得知识。更确切地说，教书这个工作就是要设计教学，让学生通过积极思考对课程内容产生深入持久的理解。如果学生想要建构一个新的观点，那么他们必须通过阅读、写作、会话的形式进行练习，把这个观点纳入他们的（思想）体系中。建构主义认为传统的灌输式教学存在局限性，即为了浅显地讲完课程的所有内容而牺牲深层理解。从建构主义的视角来看，教学的本质在于如何设计出各种活动来帮助学生把一个新的观点纳入他们的思想体系中。我们并不期望学生能够完美地理解某一观点（任何新的观点都会受到学生原有观点的影响，而很多原有观点都有缺陷），只希望学生能获得一个更好的理解。

在教育中的恰当运用：建构主义思想可以追溯到思想家皮亚杰，他强调"人类学习本质上是主动的"。在皮亚杰看来，"学习的过程是将现实纳入体系的过程"。这一过程是在大脑的作用下，整合思想和行为，从而建构思想和行为体系。因此，为了了解儿童的学习过程，皮亚杰经常向他们提出开放式问题，让他们用自己明白的词语去解释所学知识。当然，他发现，儿童学到的知识往往和我们认为他们学到的大相径庭，他们用来解释学习内容的意义体系反映了他们的思想还不成熟。我们需要经常提醒自己去发现学生的真实想法（他们话里隐藏的意思）。我们需要弄清他们在校内外学习时内心建构的（通常是私密的）想法是什么。

可惜，如今大部分教学和测试并不能反映学生的意义体系，而且学生常常可以通过死记硬背和填鸭式学习就能获得好分数。他们往往没有充分理解选项的含义，就去选择"正确"或者"错误"的选项。他们甚至没有理解某一概念的含义或其重要作用，就能够装腔作势地说出这个概念的正确定义。

建构主义者意识到低水平学生的学习策略不能帮助他们实现个人建构，而且也认识到短期记忆的危害。建构主义者认为，如果教师要求学生采用建构主义方法进行学习，迫使学生对所学知识进行深入的加工，那么学生就一定能把（任何时段）在学的知识和以前学过的知识联系起来。

可能的误用：虽然我们认识到主动学习是高阶学习的必要条件，但不应该认为它是充分条件。因此，仅有主动的意义"建构"，就其本身而言，还远远不够。我们不要忘记，在犯罪行为的学习中，普通同龄群体的（相互）学习中，以及导致偏见、共同幻想和刻板印象的社会化过程中都存在观念建构。每天全世界的学生都会在大脑中"建构"流言、仇恨、恐惧，甚至是对数学的焦虑。流氓团伙的群体效应很好地说明了观念建构有时是有害的——团伙成员一起建构的（错误的）思想观念，指使他们做出操纵、伤害，甚至是杀人害命的事情。

如果学习中的建构旨在超越不加批判的建构，那么它必须包含清晰的自我评价过程，这样学生在学习时才能够深入反省。换句话说，学生必须学会探究自己的思维，找到并且消除妨碍其培养卓越思想的种种错误。学生必须培养在学习过程中对自己的学习效果进行评价的能力和习惯，以及在学习新观点时对自己头脑中建构的观点进行评价的能力和习惯。为此，他们必须学习并且经常使用恰当的标准——例如，清晰性、准确性、精确性、深刻性、宽广性、公正性和逻辑性。

学生必须学会进行常规性反思："我们的思维是否足够清晰？""我们是否确信自己所说的是准确的？""我们需要表述得更精确些吗？""我们是否偏离了问题？""我们是否考虑了问题的复杂性？""我们是否需要考虑其他视角或观点？""我们的假设合理吗？是否有误？""我们的目的是否公正？我们是否只关心实现自己的欲望？""我们的论据符合逻辑吗？它们是否脱节？是否缺乏连贯性？"

学生在头脑中建构各种观点时，他们应该习惯思考诸如此类的问题，把它们当作独自思考过程中的一部分。

而且，学生必须将认知标准运用于所有重要的思维要素：指导目标或目的、核心问题、问题推理中使用的信息、基于信息作出的推论、指导判断的概念、判断背后的假设、可能造成的影响。

学生必须学会准确使用信息与语言，确保他们使用的信息和目前亟待解决的问题相关。学生必须明白，他们在处理复杂的问题时要了解清楚问题的复杂性，并且能考虑到各种相关的视角。

简而言之，仅有主动的意义建构还不够。我们必须始终运用认知标准对这种建构加以管束，这样才能让思维保持在最佳状态，因为思维不会自然而然地主动运用这些合理的标准。事实上，大多数学生（就此而言，以及普通人）会受天性的影响，他们用于评价思维的标准既以自我为中心，又以社会为中心。大多数人只认同他们已相信的（以自我为中心）和周围人所相信的事物（以社会为中心）。

要克服这些天生的非智力建构并不容易。只有通过长期悉心地培养合理的认知标准，才能有效地克服；只有让学生不断努力培养心智，成为受过教育的人，才能有效地克服。

合作学习

核心观点：合作学习背后的理念是，学生在一起学习时能够学到更多的知识，因为一起学习可以促进知识共享，帮助彼此学到更多单独学习学不到的知识。还有人认为，商界越来越需要善于合作的人，学校里的合作学习是为学生在工作中进行良好的团队合作作准备。

在教育中的恰当运用：合作学习的基本理念很好。首先，如果教学设计合理，那么通过合作学习，能力强的学生能够帮助能力弱的学生提升思维能力。任何要求学生讲述自己所学内容的教学活动（写作、演讲、向其他人解释和例证）都能为学习助力，因为有的学生得到表达观点的机会，而那些提问题（比如那些激发第一个学生进一步作出解释的问题）来回应的学生也能从中受益。

而且，当学生学会对彼此的思考给予高质量的反馈时，给予反馈和接受反馈的学生都会得到提升。换言之，当学生帮助其他学生认识到其思维上的不足时，他们也会更好地发现自己思维上的不足。我们在教中学。

推崇合作学习的第二个理由也很合理。学会和他人一起有效合作对学生大有裨益，这一点显而易见。然而学校教育往往忽视这种重要的生活技能，它包括学会公正地看待他人的视角，遇到矛盾时学会换位思考。

教师在课堂上可以采用各种合作学习策略。例如，把学生分成两人一组，让他们向彼此学习关键概念，或把学生分成三人或四人一组，给他们布置要解决的问题，等等。

然而，任何合作学习任务或过程的核心部分都是认知标准的运用。说到认知标准，我们指的是能够运用于推理的标准（无论哪个领域都是如此），如清晰性、精确性、逻辑性、准确性、相关性、宽广性、深刻性和公正性。无论学生是独立学习，还是与人合作，如果我们帮助他们内化这些标准，学生就会提高自己的认知技能，而掌握这些技能是他们成为受过教育的人的必要条件。

可能的误用：然而，合作学习就其本身而言不一定会培养高水准的思维，认识到这一点很重要。事实上，学生的合作学习可能是高质量的，也可能是低质量的。我们不希望学生不考虑小组合作的意义就参与其中。毕竟流氓团伙也经常参与合作学习，例如法西斯政权。相反，我们希望学生能够以负责的态度进行小组合作学习。只有当他们理解并能恰当地运用认知标准时，他们才能做到这一点。例如，没有认知标准，学生小组成员极易误解他们的学习性质。他们会用肤浅的方式思考复杂的问题。每个肤浅的思考者无形中又会影响其他人，导致其他人的思考也越来越肤浅——"对的，这一点听上去棒极了。我喜欢这样的回答!"如果没有认知标准，小组成员很可能不去设想他们的推理逻辑；如果没有认知标准，小组成员很可能无法阐明事情反映出来的问题；如果没有认知标准，小组成员很可能会追求不正当的目标；如果没有认知标准，小组成员很可能会忽略与亟待解决的问题相关的信息；如果没有认知标准，小组成员很可能在推理时使用没有经过核实的信息；如果没有认知标准，小组成员很可能会草率地运用一些概念。

简而言之，合作学习本身并不能培养学生的推理能力。错误的合作学习自始至终都是有害的。只有严谨地运用合作学习理念，才能充分发挥其效用。

核心知识

核心观点： 核心知识运动[3]是由 E. D. 赫希倡导的，他是《文化素养：每个美国人需要知道的知识》和《我们需要怎样的学校？》这两本书的作者。这场教育改革运动基于以下前提：按照年级顺序共同学习核心知识，是确保合理公正的基础教育的必要条件。据核心知识基金会称，赫希曾提出："为了推动早期教育的优质化与公平化，进一步提升孩子的文化素养，早期教育应该提供一个可靠、具体、统一的核心课程，从而帮助儿童打下坚实的知识基础。"这两本书概述了核心课程的内容，明确指出"学生在每个年级阶段应该学习什么知识……核心知识序列相当于一个共同基础，教师们在此基础上一起探讨、合作，从而教授有序、连贯的课程。在这种渐进式的课程设置中，学生每年掌握的知识和技能都为其随后几年的学习打下基础。"

根据核心知识理念的说法，"儿童会在已有知识的基础上学习新的知识。他们应该从低年级阶段就开始打知识基础，因为这个阶段的儿童知识吸收能力很强。如果他们在小学阶段学习欠佳，那么他们以后的学习将因此受到永久性的影响。对学生以后的学习来说，最强有力的工具不是一套抽象的程序（例如'解决问题'），而是广博的知识面。"

"文化素养的高低取决于具备多少共有知识。在某种程度上，一个人有素养意味着他 / 她熟悉说话者和写作者认为理应掌握的广博知识。例如，当体育解说员用'大卫击杀歌利亚'[4]表示出乎意料的胜利时，或者当记者说'总统的否决权受到威胁'时，他们假定听众已经具备了这些背景知识。"

因此，核心知识运动背后的理念是，每个人都必须了解可界定的"核心"信息，这样才能很好地融入他们所在的文化。

在教育中的恰当运用： 我们可以调整赫希的核心知识理念，使之与以下理念更加协调一致，即通过培养认知技能来培育有教养的人。在这种情况下，我们会侧重核心观点、概念、原理和理论，因为它们是各种

3　这部分的引述选自核心知识基金会的网站：www.coreknowledgefoundation.org.（2007 年 3 月）
4　译者注：《圣经》中记载，力大无穷的歌利亚被牧童大卫用投石弹弓击中脑袋并割下首级。

思想的根源。例如，在生物教学中，我们会侧重生物学的核心概念和原理，把它们作为生物学思维领域的一部分来教授。原则上，我们完全有理由重点关注核心观点和原理，但是这和一些人所推崇的有天壤之别，他们将一些误被界定为"核心"的权威清单、概念和信息公布给了大众。

可能的误用： 如果教学的重点是传授大量的信息，那么很容易导致学生死记硬背知识，他们往往只能形成短期记忆，产生肤浅的理解。如果没有更深层的指导理念，只是按特定顺序教完课程内容，如果在学习的关键阶段，思维混乱，无法长效、严谨地对知识进行思考，进而内化这些知识，那么深度学习是不可能产生的。

核心知识基金会指出，即使学生没能以一种有意义的方式彻底理解某个知识，他们也能借助某种方式学会它。这种观点似乎是这样：抛给学生一堆信息和知识，他们需要时自然就会运用那些知识。但是，如果学生不经过思考进而内化那些知识，他们怎么可能真正掌握呢？此外，如果教师没有明确强调认知技能和认知特质，他们如何确定学生是以负责的态度思考知识进而内化知识的？

核心知识理念认为："对学生以后的学习来说，最强有力的工具不是一套抽象的程序（例如'问题解决'），而是广博的知识面。"这一说法本身证明，在这种理念下，没有人认识到学习过程中思考的重要性，按部就班吸收大量信息反而占据了首要位置。任何知识，要想学好并将之内化为自己的思想，学生就必须每天都在课堂上使用抽象概念。而为了使用抽象概念，在某种程度上他们必须运用抽象的程序或过程。首先，所有学科中的观点都是概念性的，因而都是抽象的。其次，无论是学生还是其他人，只要进行思考并将观点内化为自己的思想，都会用到概念性程序。例如，要想学习某个观点，学生就必须能够在头脑中对它进行陈述、阐释和举例说明，必须证明自己能够并且会在相关情境下运用这个观点。这一切都会涉及抽象过程；否则，就会出现死记硬背和理解不当的现象。

此外，我们怎么知道教师是否对他们的授课内容进行了批判性思考呢？我们怎么知道教师是否不加批判就给学生讲授那些本身就有问题的文化价值观呢？换句话说，我们怎么知道教师是否以为学习打下共同知识基础为名义给学生灌输社会规则、习俗和风俗呢？仔细想想，核心知识理念主张教师应该"认识到每个孩子都需要成为更大团体中的一员。所有团体都要求其成员具备一些共同点，特别是课堂这个团体，它要求其成员掌握某些共同知识，因为只有掌握了这些知识，才可能促成学习中的交流与进步。"然而，常识和共同点本身不见得是好的，认识到这一点很重要。为了不去面对过去的那些令人不快的事实，我们一致同意曲解某一国家的历史。我们一致认可这一共同点。但是，从认知角度来看，我们这样做是不合理的。受过教育的人都会合理地看待问题，反对以不合理的方式对待问题。无论学生处于哪个年级、哪个阶段，教师都要学会对所有的教学内容进行批判性思考。要做到这一点，没有捷径；否则，很容易出现灌输式教学的现象。

创造性思维

核心观点：人们生活中常见的问题是，思维毫无创意，老调重弹，没有丝毫改进。以前管用的老经验如今并不总奏效。标准程序、老小法有时也会失灵，非但不解决问题，反而会制造出更多的问题。重要的是，我们要能够利用思维创造（构思、发明、产出、撰写）新的想法，这些新想法能帮助我们更好地实现自己的目标或发现新的目标。

在教育中的恰当运用：教师应鼓励学生独立思考、开拓创新、不因循守旧。教师应该让学生明白，无法理解的事物有很多，我们往往需要的是大胆新颖的想法。因此，那些真正重视创造性思维的教师会探索合适的策略与方法以鼓励学生大胆设想，以不寻常的方式做寻常事，发明有用的新事物。作为教师，我们需要鼓励学生以激发他们的创造潜能。我们需要不断向学生传递这样的信息："愿意用新的方式看待事物；愿意探索新途径，提出新观点，用不同的方法扭转乾坤；对标准假设提出质疑，对标准概念提出质疑，对人们欣然接受的一切提出质疑；愿意用独一无二、与众不同的方式思考；成为道路的开拓者，而不只是追随者。"

可能的误用：如果对"创新"理解不到位，就会将它与"新奇"混为一谈。所有真正的创新都是新奇的，但并不是所有新奇的事物都是真正的创新。人们很容易产生愚蠢或愚昧的观点，也很容易产生怪异荒诞的观点。稀奇古怪的学生习作有时也被认为是创新。有的教师不理解创造性思维和批判性思维之间的重要联系，常常认为它们相互对立，而不是相辅相成。他们经常在不经意间鼓励虚假的创新。真正的创新与批判性思维并行不悖，它以批判性思维为基础，与之有着紧密的联系。批判性思维让我们认识到目前所做、所思和所想的不足。它常常为我们指明方向，告诉我们应该追寻什么，从而找到有用的新办法。它帮助我们避免把事情弄得更糟。它让我们不至于一味求"新"而陷入死胡同。它使我们懂得常识并保持头脑清醒。[5]

批判性思维

核心观点：批判性思维的基本概念不仅在近 30 年到 50 年间的核心研究中有所体现，更可以追溯到古希腊。从词源上看，"critical"（批判性）这个词是由两个古希腊词根"kriticos"（敏锐的判断力）和"kriterion"（标准）派生而来。因此，从词源学的角度来说，这个单词的含义是培养"基于标准的、敏锐的判断力"。在《韦氏新世界词典》里，相应的词条解释是"以细致的分析与判断为特征"，进一步的注解是"从最严格的意义上来说，批判性意味着试图进行客观的判断以决定优劣"。基于此，我们姑且为批判性思维作如下定义，即批判性思维以作出有根据的判断为明确目标，通过利用恰当的评价标准，以确定事物的真实价值、优点或作用。

传统上对批判性思维的研究一般会体现以下观点：若让人类思维放任自流，则很有可能会导致思维带有偏见、以偏概全、犯常见谬误、自我欺骗、僵化狭隘。批判性思维往往会寻求种种方式去理解心智，锻炼思维能力，从而减少错误和歪曲的思想。批判性思维理念假定，人类良好的推理能力可以通过直接以此为目标的教育过程得以培养；良好的批

5　更多关于批判性思维与创造性思维之间关系的详细论述，请参阅本系列丛书之《批判性思维与创造性思维（第 3 版）》。

判性思维能够帮助我们避免常见错误，采取最明智、最合理的解决办法，最大程度地提升我们解决重要问题的能力。

例如，批判性思考者通常会监控、审视和评价以下方面：目标与目的；提出议题和问题的方式；有待认可的信息、数据或证据；对这些信息、数据或证据作出的阐释；已完成的或正在进行的推理的质量，思维内在的基本概念或观点，作出的假设，可能产生的影响和结果；视角与参考框架。在监控、审视和评价这些认知结构时，批判性思考者总是努力达到以下认知标准：清晰性、精确性、准确性、相关性、宽广性、公正性和逻辑性。这些思维模式能够帮助我们实现目标。

除认知技能外，批判性思维的先决条件还包括认知特质、品性或品质。例如，批判性思考者不仅能够收集准确的信息，确保这些信息与亟待解决的问题相关，而且他们在阐释信息时也能做到公平公正。批判性思考者不仅能考虑到所有相关的视角，而且还能利用认知共情看待每一种视角，力求充分理解那些视角。换句话说，他们在对问题和难题进行推理时遵循认知谦逊、认知正直、认知勇气、认知毅力等认知特质，以确保他们的思考质量达到最高水平，思考合情合理、公平公正，并且符合具体的事件、背景和情境。

在教育中的恰当运用：教育界普遍需要批判性思维。对于各个年级、各个科目的学习来说，批判性思维都必不可少。这一点毋庸置疑，因为所有的学习都需要思考。有了批判性思维，无论我们思考什么内容、问题或难题，我们的思考质量都是最高的。而且，学会如何考虑他人的想法（与学科或课程内容无关），才有可能学会如何更有效地思考。人们迫切需要掌握批判性思维，因为批判性思维不仅掌控他们的生活，也会对他人的生活以及地球上的生物产生影响。

我们可以掌控自己的思维，正是因为我们能够理解并且运用思维的普遍要素，从而控制自己的思考内容和思考方式。无论我们何时思考（无论思考什么），我们总会基于假设及其产生的影响和结果，从某个视角出发，有目的地进行思考。为了回答问题、解决难题、消除争议，我们会借助数据、事实和经验得出基于概念和理论的结论。具体来说，所有的思维都包括目的和目标，所以你只要牢记这些目的和目标，就必然能（通过批判性思考）提升自己的思维能力。同样地，所有的思维都以问题或难题为中心，因此你只要确保精确、准确地表述这些问题和难题，就必然能（通过批判性思考）提升自己的思维能力。

如果我们能够从本质上理解批判性思维，那么我们不仅能够清晰地向学生解释它，而且还能够利用它为教师及学生所做的几乎所有的事情赋予条理和意义。我们也可以运用批判性思维组织教学设计。批判性思维影响我们如何将学生定位为学习者，决定我们如何将自己定位为教师。它使我们能够理解并解释界定教学内容的思维方式。

如果我们深入理解了批判性思维，就会意识到作为教师的我们必须先思考后教学，而不是先教学后思考。如果学生想要掌握课程内容，那么我们要向他们示范他们需要掌握的思维方式。我们要用历史学思维教授历史学，用生物学思维教授生物学，用数学思维教授数学。我们希望学生能够分析学科内容体现的思维，然后运用认知标准来评价思维。我们要帮助学生培养进行批判性思考必不可少的认知特质（品性）。我们要教会学生以批判性思维概念为工具来了解某个思想体系或学科。我们要教会学生在头脑中建构那些界定学科的概念。我们要学习大量的课堂教学策略，让学生能够通过自己的思考掌握知识，成为有技巧的学习者。

如果我们正确理解了批判性思维的概念，就会发现我们作为教师或学生需要理解的很多内容都和批判性思维密切相关，而这有助于制度变革框架的形成。

> **如果我们真正理解了批判性思维，**
> **我们应该能够解释它对以下事情的意义：**

- 分析和评价推理；
- 识别思维的优点和缺点；
- 识别培养理性思维的障碍；
- 克服自我中心主义和社会中心主义；

（待续）

（续表）

- 制定策略以使个体能在日常生活中运用批判性思维；
- 了解一个思考者成长的各个阶段；
- 了解伦理推理的基础；
- 觉察新闻里出现的偏见与鼓吹宣传；
- 将人类大脑理解为认知工具；
- 主动学习与合作学习；
- 提出核心问题；
- 科学思考；
- 进行思辨性阅读和思辨性写作；
- 掌握一门学科的逻辑。

以上列表中的每一项内容均在"思想者指南系列丛书"的单个或多个分册里有具体阐述。综合起来，它们共同彰显了批判性思维实质性概念的强大。

总之，批判性思维定义了一个"不变量"体系（无论什么情况下均可使用的结构），我们可以用它来设计综合性教学。在这种教学中，所有的知识都是相通的，学习任何一个知识都有助于学习其他知识。无论世事如何变化，一切都在我们掌控之中，部分原因是我们学会了如何重点关注那些不变的，即认知技能与特质，以及它们背后的普遍概念与原则。在这个加速变化、充满变数的世界中，我们只有通过掌握不变的事物，才能获得强大的学习工具。

可能的误用：当今的学校教育中，许多问题和"批判性思维"这个术语的使用相关，最典型的莫过于"冒牌"的批判性思维课程。首先，几乎所有的教师都误以为他们已经理解并且践行批判性思考，"不加批判的"思考主要是学生的问题（参阅 1997 年保罗等人编写的《加州教师培训》）。第二，批判性思维常常和其他许多概念混淆在一起（例如，合作学习、建构主义、布鲁姆教育目标分类法、科学方法、常识、观点的主观表达、妄下判断以及消极情绪是其中几种常见的容易和批判性思维混淆的概念）。

文化素养

核心观点： 1987 年，赫希在《文化素养：每个美国人需要知道的知识》一书中提出，所有有文化的美国人都会掌握一些零散的特定信息，虽然并不全面，但这些信息不仅是美国文化的根基，而且也是提升文化素养和教育的关键。赫希的理由如下：因为"有文化的美国人实际上都掌握了一系列描述性信息"，因为"所有人类群体都建立在特定共享信息的基础之上"，因为"将特定的信息传递给儿童，是共享文化的要求"，所以结论是，"在人类社会中，教育的基本目标是文化适应"。而且，因为

> 书籍和报纸会假定一个"普通读者"知道某一文化中其他有文化的人都知道的知识。……事实上，如果读者不具备某篇文章假定其读者应具备的知识，这篇文章他 / 她是看不懂的。（第 13 页）

在赫希的推论中，他认为掌握零散信息不仅和学习阅读相关，而且和是否受过教育，甚至和能否获得成功相关（"有文化素养意味着一个人掌握了在现代社会获得成功所需的基本信息"）。赫希淡化了思辨能力的必要性，相反，他强调没有必要深入理解那些培养文化素养所需的信息：

> 我们阅读和写作所需要的知识十分浅显，对于那些强烈反对肤浅学习、倡导对信息进行批判性思考的人来说，这或许是一条不受待见的消息。（第 15 页）

文化素养背后的理念是，在特定文化中，许多交际常常基于某些琐碎的背景信息。因此，如果有人说"解决办法是米老鼠"，那么只有知道米老鼠的人，才会理解这句话的含义。基于这个观点，文化素养的倡导者通常会编写一长串术语，有时足有一本书的厚度。他们认为教师应该直接将这些术语教给学生，哪怕走马观花地教一教也行。然而，这样

做会弱化甚至忽视更高水平的思考。

毫无疑问，作为某种文化中的一员，我们通晓大量琐碎的信息，这些信息有助于我们理解该文化中日常事务的本质。重视文化素养教育的主张基于的观点是，教师可以准确列出一系列必要的琐碎信息并将这些信息直接教给学生，从而使学生能够有效地理解身边各种交际的含义（这些交际往往限定了他们的生活圈子）。

在教育中的恰当运用： 根据赫希对文化素养的定义，文化素养这一理念并不适用于教育领域。教育，顾名思义，并不是一个学习并记住大量毫无关联的琐碎信息的问题。

可能的误用： 如何正确帮助学生理解西方大众文化的琐碎信息并且成功突破其局限，摸索出自己的路，是一件颇受争议的事情。正如我们在"核心知识"那部分所提到的那样，支持赫希的文化素养理念的人会列一大堆表，用说教的方式给学生灌输这些列表，并且笃信赫希提出的观点，即获得深度理解的关键在于积累大量的浅层知识。那些质疑该理念的人则认为，这种通过直接灌输琐碎信息来培养文化素养的教学方式毫无意义。他们认为，获得浅层信息最合理的方式是学习重要的（因此具有广泛意义的）概念，因为它们是理解大量信息的关键。通过采用批判性思维框架作为培养文化素养的重要组织结构，他们强调文化的每个层面都是潜在目的作用的结果，包括一些关键概念和理论，这些概念和理论基于某种主流的视角，建立在各种基本的假设之上，并且结果和影响可以预见。学生要学会探究事物的逻辑以及运行体系（而不是关注那些琐碎的信息）。因此，在重视思辨能力培养的历史学课程中，学生能够学会运用历史学思维思考问题。他们不会在历史的细枝末节中迷失。他们能认识到历史的本质——讲述过去的故事，以启示当下，烛照未来。当他们讲述自己过去的故事以启迪当下和未来时，他们会认识到自己在日常生活中运用了历史学思维。

再举一例，如果我们在教授一门有关当代社会的课程，并想利用批判性思维帮助学生了解美国的现代大众媒体，我们不会要求学生死记硬背大量关于媒体的琐碎信息，而是让他们掌握媒体的基本逻辑。为此，我们在探究媒体时可以把它看作是两种相互重叠又相互矛盾的力量共同作用的产物：民主力量（人民手中的权力）和财阀力量（富人手中的权力）。我们会发现大多数人的利益和少数人（有钱人）的利益发生冲突的典型事例。我们会发现这些冲突可以帮助我们认清许多原本令人困惑的现象。民主政治和财阀政治之间冲突的形式多种多样，在对此进行研究的过程中，学生会获得大量关于媒体、政府、财富、愚昧、宣传等方面的信息。而且这些信息积少成多，最终会产生巨大的影响，绝不只是左耳朵进，右耳朵出。那些支持赫希的文化素养理念的人没有认识到这个问题，没有认识到批判性思维可以把无序变有序，将信息变得简单易懂。他们把问题想得很简单。

赫希认为：

文化素养是肤浅的，真正的教育是深刻的。但是，我们在分析完阅读和学习之后，得出这样的悖论：获得深度理解最好的办法是积累大量的浅层知识。

对这一说法，我们并不认同。

讲授式教学法（通过讲课传授课程内容）

核心观点：根据定义，课程内容是某一课程包含或论述的全部内容。因为每门学科都包含一定量的信息、概念、理论、原理、原则、真理等，所以许多教师认为学生的学习应该以课程结束后学生记住或理解了多少课程内容为衡量标准。布鲁姆教育目标分类法之类的概念无意间使得这种想法更为深入人心。布鲁姆教育目标分类法表明，学生获取"知识"之后才能"领会"知识。然而，教师混淆了"记忆"和"知识"。

在教育中的恰当运用：教师不能给学生灌输信息。如果教师想让学生记住课程知识，就不能通过讲授式教学把知识硬塞进学生的大脑。如果学生想要学习知识，那么他们应该自己开动脑筋思考。精讲，再加上学生定期自主进行规范的加工学习，是让学生初步理解课程内容的有效授课方式。例如，教师可以先大概解释一下某个概念（五到十分钟），然后让学生写下对此概念的理解——陈述、阐释并对概念举例说明，之后可辅之以针对此概念的阅读练习。然后，教师可以让学生围绕此概念开展苏格拉底式对话。

可能的陷阱：那些强调"课程内容"重要性的教师，有时会把学习学科知识和记忆课上所讲、课本所写的零碎内容混淆。如果教师这样理解课程内容，那么学生的学习就几近沦为死记硬背。死记硬背这种学习方式往往没有效果，因为：

1. 通常保持的时间较短；
2. 很难活学活用；
3. 很难确定学生是否真正理解；
4. 就真正学到什么而言，常常会误导学生和教师。

重要的是，教师应鼓励学生认识到课程内容不过是一种既定的思维方式。因此，如果学生学会运用某学科特定的思维方式思考，那么他们便掌握了该课程内容。学生会运用数学思维思考，就学会了数学；会运用生物学思维思考，就学会了生物学；会运用地理学思维思考，就学会了地理学。

> **如果我们能正确理解课程内容，就会认识到，若能满足以下几点，学生会达到最佳学习效果：**
>
> - 让学生通过思考内化课堂上所讲的内容；
> - 让学生对自己（学习时）的思考进行评价；
> - 向学生经常示范如何进行必要的思考。

情绪智力

核心观点：按照标准的说法，智力指的是从经验中学习、获得理解或者是顺利地适应新环境的能力。它包括获取知识能力和掌握知识能力。智力意味着运用推理有效地解决问题和指导行为。

"情绪"一般是指情感被激发的某种意识状态，和其他心理状态（如认知、意志和躯体感受）不同。情感指的是在某一情境下可能会产生的（愉快的或不愉快的）主观反应。

因此，情绪智力可以理解为用智力来影响情绪。正因如此，情绪智力涉及运用高水平的推理解决情绪问题，把情绪调整至合理适宜的状态。此外，它涉及通过作出明智的决策从而产生高质量的情绪。最后它还包括不拘形式地培育理性的情绪状态。

情绪智力这一概念合理地拓宽了传统智力的内涵，从只关注认知结构，到关注根植于情绪、态度和激情的认知，以及情绪和认知之间的不断相互作用。

如果一个人能认识到良好的情绪状态可以通过合理的思考与理解得以培育，他／她就会采取行动使其情感（和认知）生活变得井然有序。

在教育中的恰当运用：教师应该让学生认识到情绪在他们生活中的重要地位，以及思想在他们的各种情绪体验中扮演的角色。如果学生能明白所思所感之间始终相互影响，他们便能够更好地把握这两者，明白他们的思想如何影响情绪，情绪如何影响思想。

而且教师应该让学生明白情绪在智者生活中的作用，这一点非常重要。情绪在人们生活中发挥着巨大的作用，它影响我们的思想与行为。因此，学生必须明白，要想在生活的方方面面都能够作出明智的决策，必须主动控制自己的情绪。[6]

可能的误用：近几年，"情绪智力"这个概念引起了大众媒体的广泛关注，这很大程度上是因为1995年丹尼尔·戈尔曼写的那本名为《情商》的畅销书。从那时起，戈尔曼出版了数本专著，发表了若干论文，主要介绍情绪智力以及它在商业中的应用。其他人也纷纷加入情绪智力研究的浪潮中。一些研究者认为情绪智力是一种可以测量的认知技能，另一些研究者认为它是能力和特质的结合。自从十多年前戈尔曼首次普及这一概念以来，围绕"情绪智力"这一概念产生了一大批观点。和测量智商一样，现在也有了测量情绪智力的自陈式量表，比如2005年布拉德伯里和格里夫斯设计的"情绪智力评估量表"。据称，这项测试可以

6　更多关于认知与情绪之间关系的详细论述，请参阅本系列丛书之《大脑的奥秘》。

测量丹尼尔·戈尔曼提出的情商模型中的四种情商技能：

- 自我意识
- 自我管理
- 社会意识
- 人际关系管理

然而，戈尔曼最初提出的心理理论，以及此后他试图解释认知和情绪之间关系的研究，都存在严重的缺陷。这些缺陷的根源是，戈尔曼认为只有通过研究大脑功能才能最透彻地了解情绪和思想之间的关系。然而，大脑研究虽有助于我们了解心理，但也存在一些弊端。将大脑研究成果转化为心理研究成果绝非易事。因此，我们必须通过自己和他人的直接心理体验来反复核实这样的转化。例如，戈尔曼宣称，大脑研究显示情绪先于思想产生。这种观点显然是错误的。不要忘了，情绪之所以是情绪，是因为它一定包含某种认知界定。因此，恐惧情绪产生的前提是我们（在认知上）认为某个事物威胁到了我们。实际上我们经历的每一种情绪都可以从认知角度进行界定，正因为是某种思想导致或者界定了这种情绪。（当然，我们在这里讨论的是没有罹患严重精神疾病的人。对于那些人来说，情绪和思想很可能是分离的。还请注意的是，戈尔曼研究的对象是"正常人"。）

而且，因为戈尔曼认为情绪通常先于思想产生，所以他断言情绪能够"挟持"思考。换句话说，如果调节情绪的杏仁核[7]"挟持"了控制思考的大脑皮层，情绪就能够控制思考。根据戈尔曼的观点，这种情况发生时，情绪就会控制个人的思想与行为。如果这是真的，那么怎么能要求个人对被"挟持"下产生的行为负责呢？这种"情绪挟持"观点否认人可以控制情绪，以及由情绪产生的行为。戈尔曼认为，如果有人问你为何有这样或那样极其情绪化的负面行为，你可以理直气壮地回答："我刚才被情绪'挟持'了。"在日常人际交往中，"正常人"都要对自己的行为负责。"我被自己的杏仁核挟持了，所以我才忍不住把一盘子食物朝你扔过去。"诸如此类的借口绝不会让人信服。

7　译者注：位于大脑中杏仁状的脑结构，具有调节情绪的功能。

自从十多年前戈尔曼写下第一本关于情绪智力的书，研究者就开始质疑他的有关情绪智力的论断。他们还提出这样的疑问：如果情绪智力可以测量的话，那么应该如何测量？检测能精确到什么程度？

情绪智力运动的兴衰反映了时尚潮流典型的发展历程。首先，新的"绝妙想法"产生了，接着被推广和传播，然后人们开始认识到它存在诸多缺点，含糊不清，不实用，缺乏实质内容，最后它慢慢消亡。推崇大脑研究向心理研究转化的理论家们定义的"情绪智力"概念目前遭到研究人员的质疑，这预示着这个肤浅、具有误导性的概念即将走向衰亡。这一天终会到来。

女性主义和性别问题

核心观点： 将女性主义视角纳入教育的主张主要出于以下两点考虑：

1. 传统上学校都是以男性视角为主导，相对排斥女性视角；
2. 女学生和男学生思考问题的方式不同，她们有权让自己独特的思维模式得到认可和重视。

在教育中的恰当运用： 毫无疑问，传统上男性在社会中拥有的权力比女性多得多。结果，这种鼓吹男性理应主导权力的观念以多种微妙的方式渗入学校教育以及社会生活中。因此，教育工作者应该仔细审查教科书、测试以及课堂活动中塑造的男性和女性形象，杜绝性别歧视。

另外，从基因层面很难找到证据证明男性和女性的思维方式不一样。这也是女性主义理论家们争论多年的话题。无论当今男性和女性之间存在怎样的思维差异，都可能只是性别角色不同造成的。男性和女性接受社会化的方式不同，所以在某种程度上他们的想法很可能不同。然而，教育最重要的目标之一是帮助学生对他们受到的社会制约提出质疑，因此他们的思维方式应该更开阔、更宽广（而不是陷入狭隘的社会视角）。这样一来，那些社会化的差异就不会在课堂上得到强化。合理构想下的教育应使我们能识别并且超越种族中心主义和小圈子文化。

教育领域性别问题的提出完全符合教育解放目标。同时，在这一过程中，我们必须谨慎小心，不支持任何意识形态，不管该意识形态是基于伦理、社会还是种族或性别。

可能的误用：有时，那些急于纠正以男性为主导的意识形态的人，无意中会助长以女性为主导的意识形态，而这种意识形态同样也不合理。过去男性一直标榜自己比女性优秀，因此有些女性会予以反击，提出女性优于男性。我们应该这样设计教育：鼓励所有学生独立思考，对我们所处的世界的本质形成自己的观点和看法；提出矛盾的视角，布置可以从多个角度进行推理的问题；要求学生换位思考，站在对方的立场考虑问题，同时也要维护自己的立场。所有这些方法都有助于学生培养开阔的心胸以及受过教育的人所必备的技能。定期例行在课堂上采用这样的教学方式，将有助于学生学会尊重不同的视角，而不是拘囿于一种观点，死板狭隘地思考。

天才教育

核心观点：天才教育计划背后的总体理念是，如果学生在特定的思想领域内极具天赋、出类拔萃，例如逻辑／数学推理、语言发展或是艺术才能方面，那么他们就需要接受特殊教育以进一步提升技能。这些教育计划基于的基本假设是，常规教育对于"有天赋的"学生来说不够有挑战性，他们很容易产生厌倦情绪。

在教育中的恰当运用：毫无疑问，任何一个课堂上，学生的能力各异，有时差别很大。因此，在任何学生群体中，总有学生比其他学生能力更突出，而且优秀的学生擅长的方面也各不相同。这时教师面临的挑战是如何帮助所有学生培养学习能力，实现智力的成长。对于重点培养学生逻辑推理能力的课堂来说，最好的课堂安排是让学生互相学习，这样学生就会达到最佳学习效果；对于重点培养学生思辨能力的课堂来说，则是让学生学会使用认知标准，互相给出建设性的反馈，并常规性地参与这样的练习。关于如何将认知标准运用于自己和他人的推理，就连"天才"学生往往也不甚明了。然而，学生的推理能力以及在复杂社会中的生存能力，取决于他们能否很好地运用这些标准。

因此，在理想的学习环境中，不同能力水平的学生可以常规性地互相学习，共同提高提出相关的实质性问题的能力以及给出优质反馈的能力。例如：

> 你能够讲清楚那个说法吗？我不明白你想说什么。你怎么知道你所说的是准确的？你是根据什么信息得出那个结论的？你的假设是什么？你确信那是合理的结论吗？那个说法和我们要解决的问题有什么关系？有没有其他可信的说法来解释这种情况？

可能的误用： 天才教育计划存在许多潜在的问题。首先，从常规班级里挑选出表现优异的学生接受特殊教育会导致社交问题。天才学生可能被其他"普通"学生排斥。而且"天才"学生可能会产生错误的认识，认为自己比其他学生更特殊、更聪明，因为学校为他们开设了特殊课程。他们可能会认为"普通"学生比他们低一等。反过来，"普通"学生可能也认为自己在智力方面比"天才"学生差一些。

其次，假设一些学生"有天赋"，有充分的理由将他们从常规班级中选拔出来（不一定是合理的假设），但这无法保证这些学生能够接受比在常规班级里更多的智力挑战。仅仅开设特殊课程并不能保证高质量的学习。确切地讲，学习质量直接取决于教师对该课程的思考的质量。

第三，有些"天才"学生在心智方面有很大的发展潜力，但他们的目的只是成为成功的、有操控权的成年人。换句话说，他们学习批判性思考的目的是为了一己私利。凭借高水平的智力技能，他们变得特别擅长自我欺骗，将自己的行为合理化。因此，天才教育计划必须包括道德教育，这样学生才会懂得如何进行高质量的推理，即考虑他人的权利和需求的推理。换言之，经常被夸"学得快"的学生，与学习上较吃力的学生相比，智力自然发展得更好。对他们来说，学习很容易，因为他们天生就具备其他人不一定具备的智力"硬件"。但这并不意味着他们在发展智力的同时也培养了（良好的）道德倾向。结果，天才教育计划培养出来的学生往往自私自利、批判意识淡薄。这些人天生智力超群，因此往往能获得权势。他们善于诡辩，擅长操纵布局，不惜牺牲他人的权利与需求来获取权力。因此，天才教育计划应该注重培养公平正义、具有强烈批判意识的学生，这一点至关重要。

全球教育

核心观点： 全球教育的核心观点是，我们生活在一个日益"全球化"的世界中。在这个世界中，商业竞争主要来自于世界经济，这一经济形态必须从全球视角来理解；我们的幸福与其他人的幸福相连，与由全球各种体系和力量构筑的生态环境相连。如果我们用狭隘的方式教育我们的公民，那么他们就不能富有成效地为国家、经济或自己服务。从这个视角来看，我们的生存与我们从全球视角进行教学和思考的程度相关。

在教育中的恰当运用： 在全球教育中，教师必须从全球视角来设计课程，涉及跨国和跨文化的事实、概念和问题应纳入课程。在全球教育中，学生必须学会在复杂的国际体系内思考，就国际体系内的具体体系而言，要学会在文化、生态、政治、经济和科技体系内思考，从这些体系之间的相互关系角度思考。这样能够确保学生从多种视角、利用无限数据来思考许多复杂的问题。这些问题大多都要求学生学会有效应对以下情况：多样来源的数据之间相互矛盾；对重要现实的阐释多种多样；多元利益主体争夺有限的资源。

可能的误用： 首先，大多数教师并没有接受过全球教育，因此不能从全球视角来授课。第二，最重要的是，如果一个人不能进行批判性思考，那么他／她就不可能做到从全球视角进行合理的思考。当然，大多数教师还没有能力进行批判性思考。因此，大多数全球教育项目基本上是"装点门面"，并没有实效。只有那些长期致力于培养教工思辨能力和全球视野的全球教育项目，才有成功的希望。

探究式教学

核心观点： 探究式教学的理念是，所有的学科都建立在特定方法的基础之上，这些特定方法用于收集信息、阐述信息以及找到问题的解决办法。从这个假设出发，倡导探究式教学的人强调，学生只有按照某学科特有的模式进行探究才能达到最好的学习效果。课堂应该是开展探究式教学的主阵地。教师应该教会学生如何使用某学科中基本的探究方法，同时学生也要花功夫钻研这些方法。通过这个过程，学生会了解该领域内的关键概念和原理的实操意义。探究式教学法常常利用学科中的案例与典型问题作为探究的引子。

在教育中的恰当运用： 探究化学才能学好化学，探究数学才能学好数学，探究历史才能学好历史学，这样的理念是合理的。只要不同学科用于收集信息、定义问题和寻找答案的方法不同，学生就应该在钻研某门功课时学习并运用其特定的方法。根据这种理念设计教学对于学生深入掌握一门学科至关重要。

可能的误用： 探究式教学的弊端是，教师可能会过度简化探究式教学。如果教师不理解所教学科的基本逻辑，这种情况就可能发生。探究式教学要想取得实效，教师必须理解并且掌握界定他们所教学科的推理要素。如果教师理解了这些基本结构，他们就会认识到所有学科的基本逻辑都是由它们内在的思维结构界定的。

> **为了揭示一门学科最基本的逻辑，教师应该提出以下问题：**

- 学习这门课程的主要目的与目标是什么？这个领域内的人士想要取得什么成果？
- 他们提出了什么类型的问题？他们试图解决什么类型的问题？
- 他们收集了什么类型的信息或数据？
- 他们通常得出什么类型的推论或判断？
- 他们是如何运用这个领域特有的方法收集信息的？
- 这个领域内最基本的观点、概念或理论是什么？
- 这个领域内的专业人士公认的观点是什么？他们提出的假设是什么？
- 这个领域采用何种视角？

（待续）

（续表）

> • 学习这门课程能产生什么影响？日常生活中如何运用这个领域的成果？

总之，真正的探究式教学不是教授机械的、程式化的思维。要想进行合理的探究，学生需要具备思辨能力，并且掌握思维的基本结构（目的、问题、信息、阐释、概念、假设、影响、视角）以及基本认知标准（清晰性、精确性、准确性、相关性、深刻性、宽广性、逻辑性和重要性）。

智力

核心观点：智力是指从经验中学习、获得理解或者是顺利地适应新环境的能力，换句话说，即善于运用推理解决问题、指导行为并作出判断的能力。按照这一广义定义，智力发展正是教育的基本目标。相比之下，这个词在心理学中的传统用法往往要狭窄得多，智力通常被等同于在注重某些语言、数学或空间判断的特定测试中获得的分数。按照这一狭义定义，智力被认为是个人大脑中各种天赋能力（和缺陷）的集合，而且这个集合几乎保持不变。虽然有些心理学家在向这个词[8]更广义的用法靠拢，但有些仍然认为在人的一生中智力几乎没有变化。

在教育中的恰当运用：重要的是，教师应鼓励学生从经验中学习，顺利地适应新环境。当然，学生需要培养良好的推理能力，从而更好地解决问题、指导行为，对生活中的事件、情况和趋势作出判断。我们应认识到学生能够培养从经验中学习的能力，能够在生活和工作中培养良好的推理能力以及解决问题能力。依据这种理解，智力是可以培养的，因为很显然我们能够学会从经验中学习。如果学生学会如何进行批判性思考，那么他们就具备了运用良好的推理解决问题、指导行为和作出判断的能力。

可能的误用："智力"一词的恰当含义很难界定，它在心理学领域内

8　更多关于智商评估测试的局限性的详细论述，请参阅迈克尔·J. A. 豪所著的《智商论战：智力的真面目》（加利福尼亚州，千橡市：赛奇出版社，1997 年）。

的用法更是五花八门。如果没有牢记"智力"的广义定义，没有按照这一广义定义进行教学，那么我们培养出的学生往往能力不全面，学习方式偏执，这将导致学生缺乏融入社会所需具备的广泛基础能力。

综合课程

核心观点：在教与学的过程中，高度碎片化的现象很常见。这种情况出现时，学生不明白相互联系的各个体系中概念之间的联系。如果学生零零碎碎地学习课程内容，把各个知识点割裂开来，那么他们往往很快就会忘掉这些知识点，理解也会有偏差，并且无法有效地将知识运用到新情境中。鉴于此，许多教育者试图开发"综合"课程，设法让教师（在备课时）和学生（在学习时）明晰概念之间的相互联系。

在教育中的恰当运用：因为所有的学科都有其特定的思维方式，所有的思维方式都具备共同要素和标准，因此我们可以通过强化批判性思维的方式来实现课程整合。如果用历史学思维来教历史学，用生物学思维来教生物学，用地理学思维来教地理学，学生就会明白这些学科之间的深层联系以及学科内部的重要联系。如果学生能明白所有的人类活动都以人类思维为前提，而所有的思维都有共同部分，因此可以用共同标准来衡量，那么学生便能（通过掌控自己的思维）掌控自己的学习。通过学习科学，学生学会科学地思考。通过阅读，他们学会像优秀的读者那样思考。通过聆听，他们学会如何很好地倾听。他们会思考目的是什么，如何提出问题，使用什么信息，如何阐释信息，运用什么概念，作出什么假设，表明什么意思，从什么视角进行推理，他们的思维是否清晰、准确、精确、相关、有逻辑，等等。他们不仅在各学科领域运用这种方法进行推理，而且也把这种方法运用于个人生活中。我的核心目标是什么？我正面临哪些问题？我需要什么信息才能有效地解决这个问题？

此外，还有许多其他的方法可以阐明如何进行恰当的课程整合。例如，可以思考以下三者之间的关系：思辨性写作、学习意义体系以及找到核心思想之间的相互关系。为了获取知识，我们必须先在头脑中建构知识。将我们打算学习的知识写下来有助于我们实现这个目标。当我们能够在写作中建立联系时，我们便掌握了这些联系。为此，我们必须学会找出所读书籍的核心思想，然后通过写作阐述这些思想以及它们在我们所学学科中发挥的作用。

所有的知识都存在于意义体系中，各种思想相互联系，有核心、次要和边缘之分。想象一下，知识圈首先是以核心思想为核心的小圈，它被次要思想的同心圈环绕，外圈是边缘思想。处于核心位置的核心思想可以解释次要思想和边缘思想。每当我们读书以获取知识时，我们必须通过写作才能真正掌握，首先应该掌握核心思想，因为它们是理解所有其他思想的关键。而且，正如我们必须通过写作来初步了解核心思想一样，我们也必须通过写作在整个体系内对所有思想进行思考，建立思想之间的联系。我们越早开始在某一体系内思考，并据此写作，这个体系对我们来说就越早有意义。

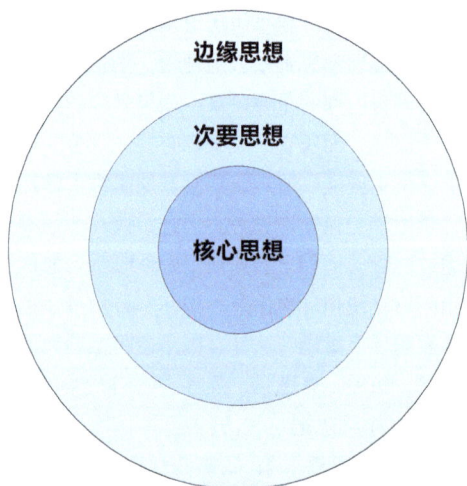

核心观点：对某一领域的核心思想和次要思想进行写作是了解该领域的关键。

因此，如果我们掌握了历史学的核心思想，我们就会用历史学思维思考和写作。如果我们掌握了科学的核心思想，我们就会用科学思维思考和写作。核心或主要思想是每个知识体系的关键，是学习任何学科的关键，是学有所成、学以致用的关键。只有当我们写下这些思想后，它们才能在我们的大脑中生根。但是，只有通过找出并消化吸收核心思想，我们才能有更多值得写的重要话题、更多值得探讨的重要事物。

我们应该通过写作将我们在一个学科或领域内学到的核心思想和其他知识体系内的核心思想联系起来，因为知识不仅仅存在于一个体系中，同时也与其他知识体系相联系。掌握任何一套基本思想后，再学习其他基本思想就会变得更加容易。学会在一个知识体系内思考有助于我们在其他知识体系内的学习。在这一过程中，写作至关重要。

例如，如果在学习植物学时我们了解到所有的植物都有细胞，那么我们应该把这个概念和所有的动物都有细胞的事实（这个我们学生物学时学过）联系起来。认识到这个基本概念同时适用于动物和植物后，我们便可以开始思考动、植物细胞之间的相同点和不同点。我们也可以思考一下心理学和社会学之间的联系。心理学关注个体行为，而社会学关注群体行为。但是人们的个体心理会影响他们是否认同群体规范，社会群体会影响个人如何对待他们感知到的生活难题与机会。通过写下这两门学科的核心思想，我们可以更好地理解这两个领域，从而更有效地将所学知识应用到现实生活中（现实中，心理学和社会学的联系很紧密）。[9]

可能的误用： 可惜，很少有教师用这种方式去研究各个学科的结构，探索学科间深层次的联系，让有意义的整合成为可能。结果往往是，浅层次的联系取代了深层次的联系，综合学习的目标没有达到。浅层次的联系不能帮助学生学到重要的知识。

学习风格

核心观点： 人们常常认为，大多数人喜欢采用某种特定的方式去接收、处理信息和刺激。基于这种想法，个性化的学习风格理念于 20 世纪 70 年代诞生。最近几年，这个理念又流行了起来。学习风格指的是个人

9　更多关于写作在学习中的重要角色的论述，请参阅本系列丛书之《如何进行思辨性写作》。

特有的学习方式，这种方式有助于他 / 她达到最佳学习效果。在教学中使用学习风格策略的教师通常会先试图评价学生的学习风格，然后调整他们的教学方法，以期最大程度上适应每个学生的学习风格。目前，已经提出的学习风格模型有 80 多种之多。

当前流行的一种模型通常包括以下四种基本学习风格：

- 视觉型学习（通过视觉来学习）
- 听觉型学习（通过听觉来学习）
- 读写型学习（通过研读文本来学习）
- 动觉型或实践型学习（做中学）

罗伯特·J. 斯滕伯格一直致力于解释为什么能力测试、学习成绩和课堂表现通常无法鉴别出学生的真实能力。1997 年，他在《思维风格》一书中罗列了不同的认知维度。其他几种模型也常用于研究学习风格，最常用的有迈尔斯–布里格斯类型指标和霍华德·加德纳的多元智能模型。

在教育中的恰当运用：通常在课堂上观察到的现象是，对于一些学生来说，如果他们有机会使用某些学习辅助工具或者老师设计了某些教学环节，他们学起来会更轻松，这一点显而易见。例如，有的学生可能通过接受视觉刺激学起来更轻松，而不是其他输入模式。某些有学习障碍的学生有可能就是这样（例如，虽然有些学生阅读文字有困难，但他们或许能轻松地理解通过图片形式呈现的内容）。同样，一些学生在课堂上可能比较外向、健谈，而其他学生可能比较内向。在这种情况下，教师需要想办法让所有学生平等地参与学习。因此，学习风格理念的基本应用对于课堂教学来说或许会有帮助。

可能的误用：在过去几十年里，许多学者都对学习风格理论予以批评。一些心理学家和神经学家质疑这些模型及其理论基础是否有科学依据。许多教育心理学家认为，几乎没有证据能够证明大多数学习风格模型的有效性，而且这些模型的理论基础通常都不太可靠（库里，1990）。斯塔尔认为（2002），"先评价儿童的学习风格，然后匹配相应的教学方法，这种做法对儿童的学习完全不起作用"。来自泰恩河畔纽卡斯尔大学的学者们撰写了一份文献综述，该综述列出了 71 种不同的学习风格理论。这份于 2004 年发表的报告批评了大多数用于鉴定学生学习风格的工具。鉴于对学习风格及其内容和鉴定方法的批评越来越多，我们在使用任何学习风格理论时都要谨慎些。

无论如何，在运用学习风格理论时，教师永远不要忘记受过教育的人应该具备什么特质。比方说，在当今社会中，所有受过教育的人不仅要学会阅读，而且还要能够熟练阅读。尽管有些学生可能是视觉学习者，但是他们仍需要学会进行思辨性阅读，深刻理解书本中阐释的重要概念。以图片的形式呈现内容或许有助于他们学习阅读，但在某种程度上，学生仍然要学会克服困难、解读书面文本（虽然这一过程很可能会让人受挫）。同样，有些学生可能比较内向，但他们仍需学会清楚地表达自己的观点。如果我们允许他们静静地坐在教室里，美其名曰"内向型学习风格"，我们只会阻碍他们的学习。

作为教师，我们有责任尽可能帮助每个学生充分参与到学习过程中，有责任通过教学内容促进学生深度学习，但前提是我们必须明白受过教育的人应该是什么样的，并能帮助学生为成为受过教育的人培养必备的技能。

总之，如果教师不注重培养学生使之成为受过教育的人，而一味迎合学生的"学习风格"，这对学生来说是不公平的。学习风格理论不能成为培养智识的阻碍。

多元文化主义

核心观点：学生应该认识到，世界上存在多种文化，所有的文化都有其优点和成就，都值得被理解和尊重。他们应该认识到，文化的好坏，不能一概而论。此外，人们认为自己的文化在本质上比其他文化优越（种族中心主义问题），这种现象虽然很常见，但却毫无道理。学生应该明白，我们可以学习其他文化的长处。

在教育中的恰当运用：在培养多元文化意识方面，教师应该强调合理评价文化的各个方面的必要性，尤其是那些涉及伦理的方面。一些常见的文化现象违背了基本的人权。比如，有些文化认为女性比男性地位低，或认为在他们的文化里某些社会群体高人一等；有些文化则蓄意教导人们这个或那个群体在某个方面是低贱的、肮脏的，应该回避或鄙视他们。如果不能批判地思考"文化"这个概念以及各种文化中的具体习俗，不能批判地思考任何一种文化如何能在取得伟大成就的同时衍生出陋习，学生就无法学会理性地对待文化的多样性。

文化的多样性源于这样一个事实：社会群体满足自身需要和欲望的方法多种多样。在某个社会群体或某种文化中，传统的生活方式无不带有风俗习惯的烙印，它们代代相传。对于某个特定群体中的个体来说，风俗习惯似乎是唯一的，或唯一合理的处事方式。社会习俗有时还具有道德含义。社会习惯和社会习俗回答了诸如以下这些问题：

- 婚姻是如何产生的？在什么条件下，以什么样的礼节或者仪式，允许哪些人婚嫁？一旦结婚，男性和女性在婚姻中应各自扮演什么角色（如果有的话）？是否可能有多个婚姻伴侣？可以离婚吗？如有可以，在什么情况下可以？

- 谁应该来照看孩子？应该如何教导和规范孩子的行为？如果孩子没有按要求行事，应该怎样处理？

- 孩子长到多大才算是成年人？长到多大才能考虑结婚？应该允许孩子和谁结婚？

- 考虑到孩子在很小的时候就会有正常的肉体欲望甚至是性欲望，应该如何让孩子按照欲望行事呢（如果可以的话）？孩子应该和谁（如果有的话）一起探索、发现性的奥秘？什么性行为应认作是可以接受的或者健康的？什么性行为应认作是变态的或者不道德的？

- 男性和女性应该如何穿衣？在公共场合中，他们的身体可以裸露到什么程度？如何对待全裸行为？如何处置违反这些规范的人？

- 如何获取食物？如何做饭？谁负责获取食物？谁负责做饭？如何上饭菜？如何吃？

- 社会是如何分层（形成不同权力等级）的？应该怎样管理社会？哪些信仰体系可以证明稀有商品和服务的分配方式以及仪式和习俗的实施方式是合理的？
- 当社会遭遇外患时该如何应对那些威胁？如何保卫自己？如何参与战争？如何进行战争？
- 应该开展什么类型的游戏、运动或者娱乐项目？允许哪些人参加？
- 应该允许哪些宗教传播？哪些人可以参加宗教仪式或向众人解读神灵的教导与旨意？
- 如何解决人们对社会的不满？谁来判定是非曲直？如何处罚违规者？

需要注意的是，以上许多问题阐明的社会习俗仅仅代表个人的群体选择，其余的问题具有道德含义。不道德行为的本质是否认其他个人或动物拥有某种不可剥夺的权利。基于这个定义，以下这些类别的行为本身是不道德的，不论这些行为是否受特定文化的影响，不论特定文化是否试图用其特有的视角掩盖这些行为并使之合理化。因此，任何个人或者群体，只要有这些行为，都要接受道德谴责：

- 奴役：不论是个人，还是群体，占有奴隶；
- 种族灭绝：蓄意屠杀，企图消灭整个国家或者民族；
- 折磨拷问：为了获取情报、报复或者出于其他荒谬的目的，让他人的身体或者心理遭受极度痛苦；
- 性别歧视：因性别不同而予以不公正的待遇（或伤害）；
- 种族歧视：因种族不同而予以不公正的待遇（或伤害）；
- 谋杀：为了报复作乐、谋取私利，有预谋地杀害他人；
- 袭击：袭击无辜的人，故意给他人身体造成巨大的伤害；
- 强奸：在他人不愿意的情况下，强迫他人发生性关系；
- 诈骗：蓄意欺诈，造成他人财产的损失或者权利的丧失；
- 欺骗：捏造事实，隐瞒真相；
- 恐吓：通过暴力或威胁手段，强迫他人做出违反自身利益的事情，或阻碍他人依照自身利益行事；

- 不告知指控理由就将他人关进监狱，也不给他人为自己辩护的机会；
- 仅仅因为观点不和就监禁或惩罚他人。

多元文化教学中的一个重要问题是，教师常常不经意间混淆社会习俗和社会伦理，因为他们并不能区分这两种迥然不同的思维模式。因为教师和学校管理者已将社会习俗深深内化于心，所以学校通常会扮演维护传统思想的角色。教育，顾名思义，应该帮助学生培养认知技能，使学生能够区分文化习俗和伦理规范，区分社会戒律和道德真理。无论什么情况下，如果社会信仰、社会禁忌与伦理原则发生冲突，应以伦理原则为先。因此，所有多元文化项目都应该基于这些重要的认识而展开。

可能的误用：为了有效丰富多元文化主义的内涵，避免它成为另一种形式的洗脑，教师必须能够将真正的伦理道德与社会习俗、社会禁忌和社会规则区分开来。他们必须明白，遵从责任行事和按照社会传统行事是不同的。如果不加以区分，则往往容易将单纯的群体偏好误认为是道德（非道德）行为。[10]

换言之，如果对"文化"理解不正确，"多元文化"很容易沦为"政治正确"或者是对所有文化的空洞赞美。这样很容易导致学生对任何文化都不能形成深刻的理解，光顾着盲目赞美所有文化。世界上的文化多种多样，每种文化都有其成功和失败之处，有值得赞美的优点，也有缺点或亟待分析和解决的问题，帮助学生认识到这一点更具挑战性。

多元智能理论

核心观点：多元智能的核心观点是，除通常的语言／数学智能以外，我们应该拓展传统的智能概念，要包括智力、艺术、体育等人类能有所长且应鼓励其有所长的领域。我们应该鼓励学生培养他们感兴趣并且天生就喜欢的智能。

在教育中的恰当运用：如果我们把多元智能理解成众多学生可能擅

---

10 更多关于伦理原则和社会习俗之间区别的详细解释，请参阅本系列丛书之《什么是伦理推理》。

长或者感兴趣的人类思想领域，那么教会学生如何培养这些智能显得尤为重要。实际上，学生应该尽可能在更多自己擅长的重要领域出类拔萃，而且在某种程度上，他们应该在自己感兴趣的那些领域表现优异。当然，我们应该拓展对智能的认识，不应只狭隘地关注那些传统上通过智能测试来衡量的技能领域。

按照标准的说法，"智力"指的是从经验中学习、获得理解或者是顺利地适应新环境的能力。它包括获取知识能力和掌握知识能力。智力意味着运用推理有效地解决问题并指导行为。

基于"智力"的定义，多元智能大致是指从多个领域的经验中学习或获得理解的能力，或者是在多个领域内顺利地适应新环境的能力。

学生一生中很可能会在许多不同的智能领域遇到各种复杂的问题，因此他们必须培养多元智能，从而能在那些领域有良好的表现。例如，学生必须学会对经济、社会、历史、科学和数学问题进行良好的推理；他们必须学会对他们的情绪负责；他们必须学会审视自己的行为，提升自我；他们必须明白自我欺骗如何影响思考。因此从广义上讲，为了能有良好的表现，学生必须掌握所有这些领域以及许多其他领域内的知识。所以说，促进多元智能的发展是有意义的。

不过，学生在这些领域有效思考所需要的技能，以及帮助学生发展多元智能和新智能的认知工具，都是可以总结的。

可能的误用：如果多元智能理论在课堂上被误用，那么最常见的误用是教师认为每一种智能同等重要，并且认为这在很大程度上只是个人偏好问题。但对学生来说，他们有很多重要的技能和能力要学，不管学起来更容易还是更有趣，都必须要学。在某种程度上，我们应该鼓励学生在他们感兴趣的领域发展。但是，教育，顾名思义，第一要义是教会学生掌控自己的思想，教给学生更好地融入社会所需的认知技能。具体来说，学生需要学会如何提出认知问题，如何阐明并评价目标，如何核实信息的准确性和相关性，如何揭示错误的假设，如何公正地思考有争议的问题，如何衡量不同决策造成的影响，如何考虑到问题可能出现的多种结果，如何弄清楚概念的用法，以确保他们合理地使用这些概念。

为了融入所处的社会，学生必须具备良好的阅读、写作以及语言沟通能力。他们没有选择的余地，因为这些技能是在极其复杂的社会环境中很好地生存下去的必要条件。

如果教师运用霍华德·加德纳的多元智能理论指导教学实践，那么他们强调的是加德纳描述的以下"智能"的发展：

1. 语言智能
2. 数学–逻辑智能
3. 空间智能
4. 音乐智能
5. 运动智能
6. 内省智能
7. 人际智能
8. 自然观察智能
9. 存在智能（加德纳后来作为一种可能性而补充的）

如果我们把加德纳的理论理解为人们擅长的思维类型不同，那么这一理论就有一定的实用性。但是这些分类本身或许并不是对"智能"特征的最佳概述。加德纳的理论自 1983 年在《智能的结构：多元智能理论》一书中提出以来，就受到心理学和教育理论学界的广泛批评。最常见的批评是，加德纳的理论仅仅建立在个人直觉的基础之上，没有实证数据支撑。此外，"智能"换个名字其实就是"才能"或者"人格类型"。

不管加德纳的理论本身是否有问题，这一理论在课堂上的呈现方式往往都存在问题。虽然加德纳提出的智能列表以及其他许多潜在的智能已获得人们的认可，但是如果要在课堂上强调其中任何一种智能，我们需要考虑这样做是否是为教育的最终目标服务。换句话说，作为教师，如果我们的任务是教授学生需要的一些认知技能，使他们能够像成年人一样作出合理、明智的决策，那么我们必须注重培养这些智能，从而培养他们作出合理决策的能力。例如，无法回避的事实是：对于学生来说，在对复杂问题进行推理时，学会评价、有效评价并提升自己的思维，比追求音乐和体育爱好重要多了。受过教育的人都会具备一定的认知基础，只有当我们夯实学生的认知基础后，我们才有精力去关注不那么重要却十分有趣的认知偏好。

教师在教学时往往会强调学生感兴趣的某些智能。我们希望尽可能让学生感受到学习的趣味，但往往出现这种情况，即学生需要学习的最重要的概念对他们来说也是最难学的。如果我们鼓动学生只掌握他们认为最有趣的那些智能，我们或许无意中没能教给他们成为有教养的人所必备的基础知识。

不让一个孩子掉队

核心观点：《不让一个孩子掉队法案》（公法第 107–110 页）是美国的一项联邦法案（签署于 2002 年 1 月 8 日），该法案重新授权那些旨在通过完善教育问责制来提高美国中小学教育质量的联邦计划。此外，它使得家长在为孩子择校时拥有更多灵活的选择。而且该法案进一步强调了阅读的重要性，并重新授权 1965 年颁布的《中小学教育法》。《不让一个孩子掉队法案》是最新的联邦法案，其基于的理念是，高期望、有目标会让所有学生取得更大的成功。最后，该法案要求学校将每个学生的姓名、家庭电话和住址分发给军队招募官。

根据这项法案，所有三年级到八年级的学生每年都要参加阅读和数学考试，高中阶段至少要考一次。2007–2008 学年底，三年级到五年级、六年级到九年级以及十年级到十一年级的学生都要接受一次科学测验。

在教育中的恰当运用：《不让一个孩子掉队法案》涵盖多个层面，这里我们只就一个方面进行评论，即该法案声称能够引导更多学生进行实质性学习。合理地实施某个法案（例如此法案）意味着利用它提供的（即使是有限的）资金进行教学的实质性变革，以期学生学会熟练思考，所有的考试分数上升，学生的最大利益得到满足。真正的问责制与实质性的教学和学习方法本质上是一致的，它们都是为每个能够进行实质性学习的学生服务。然而，我们可能要质疑标准化考试到底是不是最好的教育评价手段（例如，有人提出真实性评价或者档案袋评价的效果可能要好得多）。

可能的误用：对标准化考试过度关注很可能会导致"应试教育"这种现象出现，即教师以提高考试成绩为目标教授一些狭隘的应试技巧，而不是深化学生对多种情境和话题的理解。而且，每个州有自己的标准化考试，所以某些州可能会因为教育发展不充分而降低标准化考试的难度。这样一来，即便通过了这些考试也毫无意义。

如果有学生没有达标，包括那些有智力障碍的学生，学校也要担负责任或受到制裁的威胁。这可能意味着，学校要么：

1. 将标准设置得非常低，以满足有特殊需求的学生；
2. 给学生设置过高的标准，这样教师会把大量的时间花在"应试教育"上。

这两种情况下教出来的学生往往都需要特殊照顾——这些学生一开始就处于劣势，因为他们没能掌握适应社会所迫切需要的思维技能。

此外，《不让一个孩子掉队法案》只关注数学、阅读和科学的分数，这很可能会给表现欠佳的学校的学生带来不利影响，因为它极有可能让学校的教学重点从认识"教育"这一概念广泛而丰富的内涵，缩小为基本上只重视提高两三个评价指标的分数。那样的话，即便不是大半年时间，也要花费数星期进行"应试教育"的现象将不再稀奇。

成果导向教育（标准本位教育）

核心观点：成果导向教育背后的理念本质上很简单。如果学生现在没有学习他们应该了解的知识以及具备的能力，那么我们为什么不把教学的重点放在这两个方面呢？如果我们这样进行教学，我们就是在开展成果导向教育。从这个意义上讲，19世纪精英学校的教学重点是让学生学会阅读拉丁语和希腊语经典文本，精通这些科目是预期的"成果"，所以那时学生接受的就是成果导向教育。

在美国，实施成果导向教育意味着要对学生的学习表现进行客观评估。这种评估可以用来判断教育体系是否完善。在某些情况下，这种评估还可以用来判断学生是否被该教育体系认证为受过良好教育。成果导向教育也可以称为"标准本位的教育改革""掌握教育""系统的教育重建""表现本位教育""高效学习""(教育)全面质量管理""转型教育""能力本位教育"和"打破常规学派"。目前，成果导向教育的重点是制定统一标准，要求学生（在每个年级阶段以及从高中毕业之前）证明他们学到了什么知识以及具备什么能力。

目前 K-12 教育阶段开展的成果导向教育或标准本位教育要求学校进行重整，包括制定具体的课程框架，以及具体的评价方法以检测学生是否达到或者超过既定标准（而不是给出等级排名或者字母等级）。例如，成果导向教育把是否授予毕业证与学生能否达到评价体系中的某一特定级别挂钩。标准本位教育基于的理念是：不论社会经济地位、性别、语言能力、种族有何不同，不论是否有学习障碍，身体是否残疾，所有孩子都能变优秀，都能获得成功，他们都能学好所有科目并达到既定标准。

美国最著名的、影响最为深远的标准本位教育法案是《不让一个孩子掉队法案》。它要求所有接受联邦教育资金的学校都必须接受某些考核。这项法案还列出了学校如果没有达到年度进步标准需要承担的各种后果。

最后，成果导向教育或标准本位教育现有的概念中最重要的一点是：它以"全面质量管理"为蓝本。"全面质量管理"的核心思想大致是这样：学校如同工厂。学校生产出的"产品"应该能完成相同的（具体的、可评估的）事情，而且都能够达到相同的（或者至少达到最低的）质量水平。因此学校应该像工厂一样注重对学生实施"质量监控"。如果成果很明确并且容易评估，那么持续改进（全面质量管理中的一个术语）的过程，应该使得生产没有缺陷的学生和生产没有任何缺陷的"产品"一样容易。

在教育中的恰当运用：教师在设计教学时通常会想一想他们希望"生产"什么样的产品，这种意识很好。如果他们不清楚教育的最终目的，那么他们就不能依据教育目的来调整教学方法。此外，制定评价工具来评价教师期望培养的行为，并在教育过程中建立问责制，这样做是有意义的。

可能的误用：目前在 K–12 教育阶段推行的成果导向教育或标准本位教育是以下列条件为前提的：

1. 可以清晰地描述并且一致同意我们需要通过学校教育培养什么技能、能力和行为；

2. 所有学生可以顺利达到为他们设定的标准；

3. 正如《不让一个孩子掉队法案》里所述，惩罚的威慑作用能够合理而有效地确保学校为帮助学生实现预期目标而努力。

实现真正的教育、引导智力发展本是学校教育的主要目标，是民主社会中学校教育唯一合理的目标，然而通过法律惩罚的威慑作用来实现这一目标似乎不太可靠。当然，只有当我们要求学校按照培养有教养的人的标准来培养学生时，这些威慑才是合理的。因为很少有管理者或教师理解教育的实质性概念的丰富内涵，所以他们设计的任何"标准本位"的改革行动都不太可能超越这一概念。

而且，在标准本位教育或成果导向教育的改革行动中，惩罚的威慑作用是否能够有效迫使学校为帮助学生达到既定标准而努力，这一点值得怀疑。它很有可能会导致学校（不顾学生的真实水平）采取数据输入、操控、分析和报告等手段以确保获得源源不断的资金支持。

学生能否顺利实现或者能在多大程度上实现学校为他们设定的标准，取决于许多复杂的相互作用的变量，比如标准本身、如何在课堂上实施标准、学生的能力水平或残障程度等等。优秀的教师都知道，所有学生都能达到同等学习水平的这种想法是荒谬的。

但是最重要的是，标准本位法是否成功主要取决于标准本身，以及教师如何帮助学生了解这些标准。标准本身无所谓好与坏。在采用任何一种标准本位法时，我们应该考虑的首要问题是：受过教育的人都具备一些技能、能力与特质，而在培养这些技能、能力与特质方面，这种方法的效果如何？在我们试图回答上述问题之前，我们需要知道：受过教育的人一般具备什么技能、能力和特质？要想回答这个问题，我们就需要想一想教育与批判性思维之间的关系，因为批判性思维工具对教育来说至关重要。批判性思维（通过对思维进行常规分析、评价和改进）为心智发展提供了工具，是在任何领域、科目或学科中进行有效思考的前提。简而言之，批判性思维有助于学生培养受过教育的人所具备的技能、能力与品性。

自然拼读法和整体语言教学法的对比

核心观点：人们对如何教幼儿识字技能（并最终学会如何阅读）能达到最佳效果有不同的认识。自然拼读法和整体语言教学法这两种教学理念正是基于这些不同的认识而产生。自然拼读法的核心观点是：学生在学习阅读时，教师可以先教他们如何读单词。这一过程可以脱离特定的语境，只关注单词本身及其各自的组成音和音节。整体语言教学法的核心观点是：教师不应该在没有上下文的情况下让幼儿通过读单词来认识某个单词，而应该把单词放在自然语境中，形成有意义的组合，这样幼儿学起来会更加容易，更加自然。

在教育中的恰当运用：很显然，这两种教学方法各有利弊，它们只不过是给教师提供的两种不同的教学手段。学生应该在字母或发音规则上多下功夫，尤其是那些认字有困难的学生，但是学生也需要花时间把这些单词放到上下文语境中来说、读、写。在某种程度上，这就类似于这个问题：对于网球初学者来说，独自对墙练习单个击球动作有意义，还是通过在实际正式的网球比赛中综合训练那些击球动作来积累经验有意义？很显然，在网球训练中，对墙练习和参加真实比赛都是有益的。

可能的陷阱：主要的问题在于这两种方法之间互相冲突。它们都在探讨孩子采用什么方法识字用词能达到最佳效果，但是这两种方法各自的追随者往往把这个问题变成非此即彼的选择问题（要么使用自然拼读法，要么使用整体语言教学法）。其实，将两者结合起来使用或许效果最好。

档案袋评价或另类评价

核心观点：档案袋评价或另类评价与传统的评价方法（包括标准化考试、等级评分、多项选择测试等等）完全不同。另类评价也有其他的名称，包括：

- 真实性评价
- 综合性评价
- 整体性评价
- 学习性评价
- 形成性评价

在这种模式中，学生、教师，有时还有家长，从指定学年内积累的作品中挑选一些作品，以证明那些年里该生取得了显著的成绩和进步。档案袋评价能够展示学生是否积极内化知识。它用来评价学习过程和学习成果。另类评价用来鼓励学生参与自我评价，和其他学生、老师、家长以及更大团体之间进行互动。

评价的形式多种多样，作品展示和日志都可用作另类评价，其中档案展示最能全面代表学生的学习情况。

在教育中的恰当运用：采用档案袋评价、另类评价或者真实性评价的前提条件是，学生应该能够通过几年来积攒的学习档案证明自己进行了有意义的深度学习；此外，这些评价手段要比传统的方法更能有效地评价学生是否运用了有意义的方法学习知识以及学习效果如何。档案袋评价一般要求学生就概念进行写作并应用概念，而在写作过程中，学生通常会获得某种程度或者某种形式的收获，因此这种评价形式很可能比传统的评价形式（例如与讲授式教学相关的评价）更有优势。档案袋评价要求学生将学到的概念运用到真实的场合中，这一点值得称赞。但主要的问题是：学习内容的质量如何？学生是如何进行学习的（并在这些档案中展示的）？

档案袋评价法只能依靠档案进行评价，但这些档案并不能全面反映教学和学习的质量。学生可能只是就肤浅的想法长篇大论。学生也可能在学习和应用概念时并未考虑以下认知标准：清晰性、准确性、逻辑性、深刻性、宽广性、相关性、公正性等等。有些评价档案不以批判性思维的概念和原则为基础，因此我们不能指望那些档案能够充分评价学习的质量。在评估档案袋评价时，我们需要考虑的问题包括：

1. 学习内容的质量如何？学生是如何进行学习的？
2. 学生是否学会对学习内容进行严谨细致的思考？他们能否在学习范围内自由思考他们想要获得的知识？
3. 在多大程度上，档案袋能够展示学生学会运用科学思维思考，运用历史学思维思考，依据社会研究方法思考，运用数学思维思考，依据文献中的重要观点思考，依据学科思维方式思考？
4. 在多大程度上，档案袋能够展示学生依据多种对立视角进行推理的能力？
5. 在多大程度上，学生学会掌控他们的目的，他们提出的指导探究过程的问题，他们在推理中使用的信息，他们根据信息作出的推论，指导他们思考的概念，他们在推理前作出的假设，他们对特定议题或问题的视角？
6. 在多大程度上，学生能够通过档案袋展示自己心智品性的发展？例如，能否在思考时具备认知共情、认知谦逊、认知毅力、认知正直、认知礼仪的特质？

这些只是在判断档案袋评价或另类评价的质量时，我们需要思考的部分问题。

可能的误用： 档案袋评价的应用好坏参半。一般来说，如果我们要求学生大量写作，通过书面写作来应用知识概念，学生就会学到一定的知识。那么同等情况下，档案袋评价要优于传统形式的评价。然而，档案里很容易包括一些肤浅、模糊、不清晰、不准确、偏狭、不相关、前后矛盾、缺乏见识的书面作业。要用好评价档案，就必须在教与学的过程中，注入批判性思考。

解决问题

核心观点： 如果学生不能很好地运用推理解决他们生活中遇到的问

题，那么他们就不会从经验中学习、获得理解或者顺利地适应新环境。从这一广泛、普遍的意义上来说，解决问题是教育最基本的目标之一。每个人都会遇到历史问题、伦理问题、个人问题、社会问题、经济问题、人际关系问题以及寻找人生方向的问题。生活充满了问题。遗憾的是，人们解决问题的方式通常比较局限——例如，只关注特定类型的问题（就像智力拼图一样），而且会按照某些固定的步骤或程序解决问题。

在教育中的恰当运用：教给学生一些解决问题的技能非常重要，这样学生就能很好地运用推理解决他们在生活中不得不面对的问题。教师应该教给学生一些认知工具，这样学生就能运用这些工具解决任何类型的问题。需要说明的是，解决问题离不开很多其他相关的认知活动。例如，收集相关的信息，得出合理的推论，作出可靠的阐释，分析关键的概念，鉴别可疑的假设，推测可能的影响以及从不同视角进行推理。解决问题不是一个孤立的技能，而是在结合相关看法和见解、运用多种相关技能的过程中附带产生的结果。

可能的误用："解决问题"这个词的恰当含义很难界定，特别是技术专家们经常用五花八门的方式来使用它。如果一个人没有牢记"解决问题"的广义概念，没有把它和教育的广义概念联系起来，那么他 / 她很容易培养狭隘的才能或技能，同时也丢掉了那些能够广泛运用的基础能力。如果具备了那些基础能力，真正受过良好教育的人便能自如地应对生活中的各种问题。换言之，解决问题和批判性思维，归根到底，很难区分。不加批判地解决问题是不明智的，不能帮助我们解决问题的批判性思维也是无用的。如果我们不好好思考，就不能解决问题；想要好好思考，就必须学会对自己的思考进行批判性反思。

"提高标准"运动

核心观点："提高标准"运动背后的理念是，人们观察到学校允许无一技之长或者不学无术的学生毕业这一现象，因此认为有必要将毕业标准提高到适当的水平，以确保所有毕业生都掌握了顺利适应现实社会所需具备的技能与知识。

在教育中的恰当运用：将这一理念合理地运用于教育领域颇具挑战性。一方面，学校必须设置适用于各门课程的普遍认知标准，以确保整合后的综合课程重点关注那些精深而必要的技能、能力、见解和知识。另一方面，学校必须建立长期的教工培养计划，以确保教师能够掌握新标准的实质，（最终）转变他们对教学内容的理解，想出新的方法来设计教学，从而使学生逐渐能够在课堂上举一反三，并最终能够在生活中更好地进行推理。

教学内容必须被重新概念化为思维模式——把历史学理解为历史学思维，把科学理解为科学思维，把数学理解为数学思维——每一种思维模式都必须具备相同的基本认知标准：清晰性、准确性、精确性、相关性、深刻性、宽广性、逻辑性和重要性。不论学生是在完成学术任务还是非学术任务，教师都要让学生学会常规性地反思自己的思考。我的表述是否足够清晰？我表达的观点是否准确？我是否需要表述得更精确些？我是否偏离了主要问题？我是否考虑了任务的复杂性？我是否需要考虑别的视角？我的推理是否合乎逻辑？

可能的误用：任何"提高标准"运动都会存在两个问题：

1. 可能会设置"不适当的"标准；
2. 我们虽然强制实施了新标准，但却没有引入其他合适的配套改革。有了这些改革，才能保证引入新标准后达到预期的结果。

我们依次审视以下每一个问题。

首先来谈谈"不适当的"标准。"提高"标准最简单、最浅显、最无用的方法就是"增加"标准——浏览课程设置，然后把标准随意加到已有的教学内容中。我们已有的无非是些碎片化的低端技能以及便于测试的"知识"，而这些并不能帮助我们培养出更优质的毕业生。

我们所谓的那些"好"学生在应试方面游刃有余，他们擅长运用短期记忆识记零碎知识以应付考试。一般来讲，当他们进入就业市场或者不得不解决日常生活中的问题时，他们的短期记忆技能和实际表现好不好关系不大。

在推行按照特定任务"量规"进行教学的运动中，有一个明显的趋势：受低端、碎片化的教学内容的影响，低端、碎片化的标准越来越多。结果，我们的教学充斥着各种"量规"，缺乏实质内容，整个教学过程中很多评价都相当肤浅。

第二个问题是，设置了相当高的标准，却没能为教师提供必要的支持体系，帮助他们为教授这些标准作好准备。显然，我们单纯加大测试环节的难度时，就是这种情况。这样做的结果有两种。有些教师搞应试教学，结果却违背了考试的初衷。这种情况下，学生的应试技能很强，但学生的考试成绩仅仅反映他们的应试技巧，并不能反映他们是否深刻理解了新的概念或技能。还有些教师继续用老办法授课，结果导致更多的学生考试失利，自尊心受损，变得一蹶不振。

重建学校运动

核心观点：重建学校运动背后的理念是，如果学校想要获得系统的改进，那么必须进行系统的变革。也就是说，学校必须改变许多主要特征，而且这些改变几乎要同时进行。学校必须同时考虑到方方面面的改变并制定出计划，必须明白学校的整体结构由相互关联的各个组成部分共同决定。从根本上来说，对这个系统的理解一般包括三点：

1. 教师、学生、家长、管理者和社区成员之间相互影响的方式；
2. 他们理解自身角色的方式；
3. 他们令学习和教育概念化的方式。

在教育中的恰当运用：毫无疑问，学校的运作与学校结构的各个组成部分之间的相互关系有关。显然，就绝大部分学校而言，学校教育各个层面都需要进行系统性变革，只有这样才能创造出真正的教育共同体。毋庸置疑，教师、学生、家长、管理者和社区成员之间相互影响的方式，他们理解自身角色的方式以及他们令学习和教育概念化的方式都需要进行根本性变革。如果我们不再仅仅是承认前述"结构性"问题的存在，而是采取实际行动去解决它，那么种种困难就会涌现出来。

可能的误用：只有当教师、学生、家长、管理者和社区成员对于"是什么促成高质量的教与学"这个问题有了合理的认识，重建学校才能发挥作用。但是改变这些群体的实际想法是一项长期的、具有挑战性的任务。人们持有并日常运用的教与学观念根深蒂固，往往很难改变，不仅因为它们是潜意识中自发产生的，而且因为它们存在已久，历经多年才形成。它们和学校教育以外的许多概念相联系。它们是人们常规思维方式的产物，在个人没有觉察的情况下，就能转化成行为。重新思考学校教学常规是一回事，用有效的方式重新思考并对它们进行大幅度、合理的调整，又是另一回事。为此，我们需要具备一定的洞察力，去探索此前改革运动失败的原因。同时，教师、学生、管理者和社区成员也需要学习如何系统地升级他们的思想。如果人们的行为方式是他们的思考方式作用的结果，那么要想转变行为就需先转变思想。但是，思想的转变是一个长期的、渐进发展的过程，那么行为方式的转变相应地也是一个长期的、渐进发展的过程。问题是：为了创造出我们需要的变革，我们得让人们转变思想，然而思想的转变是一个长期的、渐进发展的过程，那么我们怎么能指望这些人能够让学校结构产生革命性的变革呢？

　　从某种意义上说，真正的问题在于我们相信重大而深刻的变革能够在短期内实现。然而，我们可以在短期内进行大规模的外部变革，却无法进行大规模的内部变革。目前最紧迫的问题是，我们不能长远地看问题，对事物形成自己的看法，然后依据这个看法有效地工作。

校本管理

　　核心观点：发起校本管理倡议的原因是，个体学校的改革行动常常受到学区官方机构的限制；如果学校能摆脱这些限制，就能顺利地进行真正的改革。

　　在教育中的恰当运用：来自官方机构的限制减少了，自主程度会随之增加，课堂教学就很可能发生变化。这种想法合乎情理，但不能确保一定会有实质性的积极变化，而且转变之后可能还不如原来，或者仅仅浮于表面。校本管理要想真正取得成效，学校的领导层必须拥有真知灼见。校长以及至少部分教师应该博学多识，能够寻求长远目标，避免肤浅空洞的说辞（大多数校训口号都是这样）。他们能意识到教学质量取决于设计和实施教学时采用的理念的质量，领悟到学习质量取决于学生在学习时思考的质量，认识到只有从根本上坚持跨学科认知标准，培养跨学科思辨能力，才能产生真正改变学生学习和成长方式的变革。

正如 1996 年默南与利维指出的，学校和私立机构必须要学会"通过五种基本理念——五大原则——进行管理，从而激发一线员工的热情，进而改善业绩"：

- 确保所有一线员工了解问题所在；
- 对任务进行筹划，使得所有一线员工都有动力和机会献计献策，一起找到问题的解决办法；
- 为一线员工提供培训，使他们能有效地找到问题的解决办法；
- 定期检测进展情况；
- 要坚持不懈并从错误中学习；没有什么灵丹妙药。

可能的误用：只有教师正确理解是什么在阻碍高质量的学习以及如何培养学生进行高质量的学习，校本管理才能发挥作用。但是，结合为教师提供在岗培训时获得的大量经验，批判性思维中心开展了一项研究，该研究有力地表明，很少有教师理解是什么思辨能力，也不知道如何教授。

具体来讲，很少有教师理解认知标准，或者能够将它们与俗称的"量规"区分。很少有教师能欣然面对理论问题或者抽象概念（想要理解批判性思维，这两者都必不可少）。很少有教师知道如何运用数学思维教授数学，运用科学思维教授科学，运用地理学思维教授地理学。很少有教师知道如何在学科内整合概念，以及如何教会学生有效地解决问题和进行沟通。因此，即使拥有校本管理的自由，教师和当地的管理者设计出的教育体系也很可能只会产生浅层次的而非实质性的变化。

择校

核心观点：学校迫于生源压力，往往会答应家长的要求。假设家长想让自己的孩子获得最好的教育资源，而且他们能决定什么时候得到它，那么采用择校机制会迫使学校进行改进。

在教育中的正确运用：学校之间的生源竞争不断升级——假设竞争是真正公平的——可能会成为教育质量不断提升的一个推动因素。

可能的误用：但是，只有家长提出的要求能够真正提高学生的学习质量，采用择校机制才会推动教育质量的提升。例如，如果家长没有认识到认知标准对智力成长的重要性，那么他们就不会对此提出要求；如果家长没有认识到高薪工作和高水平的推理能力、解决问题能力相关，那么他们就不会要求学校重视这些能力的培养；如果家长没有认识到语言学习和思维的精度相关，而这两者都可以通过写作拓展练习获得提升——这些练习要求学生掌握规范用法，精于遣词造句——那么他们就不会要求学校重视写作拓展练习；如果家长没有理解掌握数学就是要学会运用数学思维思考，那么他们就不会要求学校重视数学思维的培养（或者科学思维，或者学会如何像优秀的读者那样思考，等等）。

因此，只有家长正确理解是什么在阻碍高质量的学习以及如何培养孩子进行高质量的学习，择校机制才能发挥作用。几年前，我儿子所在的小学要举办一个科学展览会。我问他准备做什么时，他说："我要制作一个万花筒。"当我问他如何做时，他说："老师给了我制作指南。"原来，所有学生都拿到了一张清单，上面列出了可以制作的物品以及相应的制作指南。此外，每个学生都领到了制作 25 朵纸花的任务，目的是在举办科学展览会时用纸花装点校园。我问儿子："什么是科学？"他回答说："我不知道。"我又问他："你认为科学家们在努力解决什么问题？"他回答说："我不知道。"当我继续问什么是假设、什么是理论时，他回答说："在科学展览会上我们没有必要知道那些。"举办科学展览会那天，家长们被巨大的纸恐龙迷住了，发出"噢""啊"的啧啧称赞声，而我似乎是唯一一个知道皇帝没有穿衣服的人。

产学合作运动

核心观点：产学合作运动的核心观点是，传统教育不足以让学生为现代的工作作好充分的准备。文化课本身（读、写、说、计算、解决问题、推理）很有必要，但却不能帮助学生为其以后的职业生涯作好充分准备。产学合作项目通常由地方发起，受地方控制，汇聚教师、管理者、大学、企业和社区的力量，协力帮助学生获得必要的知识和经验，进而作出明智的职业选择，更好地适应岗位工作。产学合作项目经常为在校学生提供工作机会，教给学生一些从事任何工作都能用得上的技能。它旨在为学生提供作出明智的职业选择所需的知识和经验。

产学合作项目倡导通过关注教育选择和未来职业机会之间的联系，让学习更有针对性。通常，产学合作项目旨在帮助学生：

- 提高解决问题的能力和思辨能力；
- 认识到学习数学、科学和交际技能的必要性；
- 培养良好的工作习惯，作好更充分的就业准备；
- 提高技术技能；
- 培养领导能力和团队合作能力；
- 更好地理解如何寻求职业机会——确定职业目标，并学会如何实现那些目标；
- 在作职业规划时能认识到高等教育的重要性。

实施产学合作的前提是精心设计的校本教学能够让学生作好准备，这样毕业时他们就可以成为就业市场上能干活、受欢迎的雇员。为了使这一过程尽可能顺利，产学合作项目往往会和企业合作。其中的一项推动措施是，进一步强调课堂要模拟工作环境，学习任务要模拟工作环境中的任务和要求。

因此，按照这一模式设计的教学往往关注"应用"技能，只考虑和应用直接相关的理论。而且，如今的就业市场本质上日益"技术化"，在高精尖的计算机和电子技术方面对毕业生的要求也越来越高。因此，产学合作项目极为重视技术培训，尤其是计算机系统方面的培训。产学合作理念的追随者注重校企合作以及职业分析、职业探索和职业规划。在这种模式中，经常出现的术语包括：情境学习、应用学术、动手实验室、实践性学习、劳动力变动趋势、劳动力准备、社区联系、桥梁课程、工作本位学习、校企合作、工作环境问题、职业技能、职业准备、技术写作、职业教育、职业沟通技能和行业分析。

在教育中的恰当运用：显然，对学习和工作之间的合理关系进行评估是合情合理并且非常重要的。学校教育最重要的目标之一是帮助接受学校教育的学生为今后的生活和工作作好准备。因此，如果学校没能成功帮助学生为毕业时获得高薪工作作好充分准备，它们就没有履行好这一项基本职责。

可能的误用：在评价产学合作项目时，我们应该提出三个主要的问题：

1. 为了使学生在职场中得到更好的发展，我们应该培养学生什么技能？
2. 这些技能是如何与教育这个概念相联系的？
3. 教师该如何帮助学生培养这些技能？

显然，我们必须先确定学生应该学习哪些技能组合。要让学生在有限的一天内学习许多技能，教师就得利用好课堂时间。因此，我们应该重点关注最普遍的技能，这些技能既能在每门课的学习中用到，又能帮助学生在职场中取得更好的发展。幸运的是，这些技能组合有重合的部分。越来越多的雇主要求学生具备思辨能力，这也是他们现在要求的主要能力之一。

> 1992 年，罗伯特·赖克提出高薪职员越来越需要掌握的思维模式包括四个组成部分（第 229–233 页）：
>
> - **掌握抽象概念的能力：**发现并且必要时能够掌控思维中的各种模式、含义和定义；
>
> - **在体系内思考的能力：**能够理解概念、信息、学科之间的关系；
>
> - **喜欢亲自实验并解决问题：**能够明白问题的因果，在解决问题的过程中迎难而上，克服挫败感；
>
> - **合作能力：**能够和他人有效地沟通，一起想办法并解决问题。

所有这些组成部分都基于以下前提：具备思辨能力，能够有技巧地通过推理解决问题和难题，能够从多个视角进行推理，相信自己能够解决问题，能够掌控指导决策的思想以及看待问题的方式，能够明白观点、概念、数据和信息之间的相互关系。而且，要想对所有学科内容进行良好的推理，这些组成部分大多都必不可少。例如，一个人如果没有掌握定义学科内容的抽象概念，就无法学会按照该学科的思维方式进行思考。同样，一个人如果不具备在某一学科体系内思考的能力，没有掌握其意义体系和其他意义体系之间的关系，就无法学会按照该学科的思维方式进行思考。正如莱克所言，一个人如果不能就某一学科通过实验解决问题，就无法学会按照该学科的思维方式进行思考。

从这一点来看，如果教师把思辨能力的培养作为教学的核心，那么学生不仅能学会对所学知识进行合理的推理，同时也能学会把工作做好所需的一些技能。

最后，我们必须基于教育的实质性概念展开学校教育，这一点至关重要。这样一来，工商业界的需求永远没有培养有教养的人重要。否则，学校很容易沦为无论行业企业要求什么都予以满足的培训基地，而根本不考虑那些要求是否和真正的教育有关系。换句话说，工商业界的需求和关注点不能定义一个人是否受过教育。1852 年，约翰·亨利·纽曼写了一本被公认为是有史以来关于教育思想写得最好的论著，以下是从他的《大学的理想》一书中节选的片段：

> 真理，不分种类，都是智力活动真正的目标；（因而）智力的培养理应与理解和思考真理相结合。……目前状态下的智力……无法从直观或者整体上辨识真理。我们不是靠直接、简单的想象，靠看一眼就能理解，而是靠点滴积累、细致思考、认真研磨，靠对许多不完整的概念进行比较、综合、互相校正以及不断调整，靠许多官能的运作、集中、联合作用以及对心智的锤炼（才能发现真理）。（第 109 页）。
>
> 光有这些还不够；一个人可能做了这一切，但仍然没有真正掌握知识——他可能没有意识到自己说了什么，可能没有用慧眼去发

现问题，也可能没有掌握事物的本质，或者受已有知识的影响而故步自封，没有去伪存真、去粗取精和物尽其用的能力。（第 109 页）

这种能力是习得的判断力、敏锐力、洞察力、见识力……是才智的自制力及沉着力。这些品质并非完全后天习得。发现真理的慧眼靠不断训练和习惯积累得以培养。（第 109 页）

大学教育应让人清醒地认知自己的观点和判断，并正确地发挥，雄辩地阐述，有力地强调。大学教育应教会人们认清事物的真相并直接抓住要害，教会人们解开思想的缰结，发现其中的诡辩之处，舍弃其中的不相关之处。大学教育应使人作好准备，轻松自如地掌握任何科目。（第 126 页）

总之，只有教师了解了思辨能力的丰富内涵，学生才有可能获得在职场中成为公正的思考者所需具备的技能、能力与特质。与此同时，无论什么层次的学校教育都必须把思维培养作为教学的重点（而不是仅仅服务于工商业界的利益）。那么问题是，我们如何让教师为这项复杂的任务作好准备？

自尊运动

核心观点：如果学生认为自己在学校里不能有良好的表现，那么他们会缺乏尝试的动力。如果他们认为自己愚蠢或者低能，那么这种态度会给他们的学习带来消极影响。另一方面，如果他们夸大自己的能力，认为自己足够聪明，那么他们也不会有动力去努力学习，不会为取得更好的成绩而奋斗。

在教育中的恰当运用：教师应该鼓励学生，让他们认识到自己能够对课程内容进行独立思考，能够培养重要的心智技能。因为大多数人都只利用了可用智力的一小部分，所以学生没有客观理由认为自己无能。我们所有人都能够超越我们给自己认定的能力水平（即使是那些自认为已经"很聪明"的人）。重要的是，我们要准确评价自己的能力，日复一日、一步一步不断地提高自己的水平，而这在很大程度上可以通过培养认知谦逊来实现。通过教会学生如何准确评价自己的优缺点、能力与潜力，我们把批判性思维和自尊整合到了一起，这样我们能帮助学生了解真实的自己，让他们对自己（在成长过程中）所处的水平、希望达到的水平以及如何达到那样的水平有一个清醒的认识。当学生学会准确评价自己的学习并合理看待自己的进步时，他们培养了推理信心，他们相信自己的学习能力，相信自己有能力通过良好的推理找到答案。

可能的误用：如果对自尊理解不当，它很容易沦为自我中心主义和错误的自我膨胀，容易让学生不经意间滋长自傲情绪。帮助学生认识到他们在思想和学习方面还可以不断进步，不让他们对自己已有的知识和能力产生自负感，这对于教师来说极具挑战性。如果教师鼓励学生认为自己的学习表现比实际要好，那么他们就不能学会准确评价自己的思考。他们会把平庸的表现和优秀的表现混为一谈，把差劲的学习表现当成优秀的学习表现，优秀的则当成非常优秀的。为了培养真正的思考者，教师必须教给学生，最高层次的自尊可以让他们客观地认识自己的不足（而不是妄自菲薄）和长处，并且能始终激励他们去提升自我。

苏格拉底诘问法

核心观点：苏格拉底诘问法在学校教育中风行数年，它一般是指通过发问的方式引出一个观点，并据此观点展开富有成效的对话。对话通常是在一位教师和一个或多个学生之间展开。

在教育中的恰当运用：苏格拉底诘问法是一种非常严谨的提问方式，可用于多领域、多目的的思想探究：探索复杂观念、找到事实真相、提出议题和难题、揭示假设、分析概念、分辨已知与未知、弄清思想的逻辑含义。要区分苏格拉底诘问法和单纯的诘问，关键是要认识到苏格拉底诘问法是系统的、严谨的、深刻的，通常侧重基本概念、原则、理论、议题和难题。

课堂教学中时常提及苏格拉底诘问法，这个教育理念在过去的 20 年里尤为风行。

无论是教师还是学生，抑或是任何对深入探索思维感兴趣的人，都可以也应该构思苏格拉底式问题，参与苏格拉底式对话。我们在教学中使用苏格拉底诘问法，可以实现以下目的：了解学生的思维，判断他们对某一话题、议题或主题的了解程度，向他们示范如何进行苏格拉底诘问，或者帮助他们分析某个概念或推理思路。总之，我们希望学生学习苏格拉底诘问法的原则，并运用该方法分析复杂问题，理解和评估他人的思维以及弄清自己所想和他人所想。

在教学中应用苏格拉底诘问法至少有两个目的：

- 深入了解学生的思维，帮助学生区分已知已解和未知未解（在此过程中，帮助他们培养认知谦逊）；
- 培养学生进行苏格拉底式诘问的能力，帮助学生掌握苏格拉底式对话这一重要的工具，这样他们就能够在日常生活中（在诘问自己和他人时）使用这个工具。为了达成这一目的，教师要向学生示范这些诘问策略，以便他们仿效和运用。而且，教师需要直接教会学生如何建构并提出有深度的问题。此外，学生还需要通过练习来提高他们的诘问能力。

苏格拉底诘问法说明了诘问在学习中的重要性（实际上，苏格拉底生前认为诘问是唯一可取的教学形式）。它让我们认识到系统的思考和碎片化的思考之间的差异。它引导我们透过思想的表层去看本质。它让我们明白在引导学生进行深度学习的过程中，培养他们的好问精神意义非凡。

要想思想卓越超群，学会诘问法非常重要，因此苏格拉底诘问的艺术和批判性思维紧密相关。该方法以"苏格拉底"为名，更彰显了系统性、深刻性、让人永怀明辨真理谬误之志。

批判性思维和苏格拉底诘问法二者目的相同。批判性思维提供了多种概念工具，帮助我们理解思维如何运作（如何追寻意义、探求真理）；苏格拉底诘问法则运用这些工具构建问题，这些问题对于追寻意义和探求真理至关重要。

批判性思维的目标是在我们的思维之上构建一种高阶思维，使其成为强大的内在理性之声，监督、评价、重构我们的思考、情感和行动，使之更加理性。苏格拉底式讨论则特点鲜明地侧重自主的、严谨的诘问方式，以培养这种内在理性之声。

在保罗和埃尔德 2006 年出版的《像苏格拉底一样提问》一书中，我们关注的重点包括苏格拉底式对话的构成，批判性思维带给苏格拉底式对话的概念工具，以及诘问在培养严谨思维过程中的重要性。

可能的误用：苏格拉底诘问法最常见的误用是，在诘问过程中没有明确规定原则，导致我们经常采取肤浅的方式诘问。如果诘问是开放式的，不系统，不明晰，这种情况就会发生；当教师想要获取改进诘问过程的工具却发现缺枪短炮时，这种情况也会发生。批判性思维工具是实现高质量的苏格拉底式诘问的必要条件，因为这些工具侧重推理。为了能够充分地探究、理解、评价和提升推理，我们有必要了解批判性思维的原理和概念。苏格拉底式诘问应该提升的正是推理本身。

理解性教学

核心观点：理解性教学背后的理念是，学生可以在没有深刻理解的情况下就能"知道"（记忆）知识内容；要想帮助学生获得进一步的理解，课堂教学需要超越主流的以讲授为主的教学范式。比如，认同理解性教学这一理念的教师在上课时会让学生用自己的话解释所学概念，用自己的经历举例说明概念，运用概念形成新的观点或者解决非常规问题。那些倡导向理解性教学转变的教师希望设计一些教学活动，让参与活动的学生用自己的表现证明其理解了课程内容。他们也强调让学生不断进行自我评估和同伴互评的必要性。例如，只有当个体能够独立评价一系列安排是否"民主"时，他／她才称得上理解了"民主"。在这种模式下，学生需要就他们的理解进行争辩、讨论并提出质疑，需要将他们学到的知识和生活相联系。

这种方法和建构式教学法、表现本位法以及思辨能力相关。

在教育中的恰当运用：显然，如果学生为了应付考试死记硬背一些零碎的信息、标准化的定义，那么他们不会获得真正对他们有用的知识。换句话说，任何了解教育的丰富内涵的人，都会认同理解性教学的理念，这一点显而易见。目前有许多可以利用的资源，这些资源提供了例证，说明了理解性教学可应用于多种学科的具体方法。教师在进行课程开发时，心中一定要牢记这个概念以及这些例子。

可能的误用：理解性教学唯一的问题是，教师可能对理解以及获得理解的方法认识肤浅。然而，这个问题不容小觑。教师往往对所教学科缺乏深度理解而不自知，很少有教师能够像下面这位教师一样认识问题：

> 自从我执教以来，我才意识到自己是靠死记硬背来学习物理的。我没有真正理解那些我自以为很熟悉的物理知识。每次那些爱思考的学生问我问题时，我总是用课本上的标准答案回答他们，但这促使我第一次开始独立思考。我意识到这些预先写好的答案，如果不经过我思考论证，只会让那些爱动脑筋的学生困惑。为了达到学习目标，我不得不死记硬背别人的观点，但是我从来没有学会独立思考，也没有人鼓励我独立思考。

只有同时注重思辨能力的培养，理解性教学才有意义。理解性教学需要有核心的组织理念来指导，使学生能够从大量的知识中抓住重点进行理解。最重要的概念是那些对深度学习极为有用的概念，其中首先是批判性思维的基础概念（思维的基本要素和标准）。学习历史学的学生应该理解历史学的基本逻辑（那是我们给自己讲述的有关过去的故事，目的是为现在作出决定，为将来作好规划）。学习社会学的学生应该理解社会学从根本上来讲研究的是群体控制其成员行为的方式（通过命令、许可和禁忌）。学习代数的学生应该理解代数的本质是未知数参与运算。学生应该理解，所有的学科都代表了由基本概念引申而来的思维方式（最终形成系统的理解）。

详细来讲，所有的知识在逻辑上都是相关的。要想理解某一部分知识，我们就得弄清楚它和其他部分知识之间的关系。例如，只有理解了什么是科学理论，我们才能理解什么是科学实验；只有理解了什么是科学假设，我们才能理解什么是科学理论；只有理解了什么是科学预测，我们才能理解什么是科学假设；只有理解什么是科学地检验观点，我们才能理解什么是科学预测；只有理解了什么是科学实验，我们才能理解什么是科学地检验观点，等等，等等。

因此，无论学习什么知识，本质上都是要弄清楚（即通过推理或仔细思考）知识各部分之间的联系。

不理解以下要点，就无法学好知识内容：

- 所有知识／思考的产生都源于目标和目的的设立（这样我们就可以一起追求共同的目标和事业）；
- 所有知识／思考都是由它所定义的以及要解决的问题来引导的；
- 所有知识／思考产生的前提条件是在实际操作和解决问题时收集并运用信息；
- 所有知识／思考都要求根据相关数据或者信息作出推论，得出阐释性结论（这样，从业者在各自领域内作判断时能用上这些数据）；
- 所有知识／思考都由概念构成（理论建构），这些概念对知识或思考进行组织、塑造和指导；
- 所有知识／思考都源于对假设或者预设进行逻辑推理（为研究领域划定范围）；
- 所有知识／思考都会产生影响和结果，使我们能够作出预测，检验理论、推理过程和假设；
- 所有知识／思考都规定了参照框架或者视角（为实践者提供的用于指导行动的逻辑导图）。

只有教师深入掌握理解性教学的内涵，他们才能在教学过程中取得成效。否则，他们培养出的学生可能会形成杂乱无序、未经整合、碎片化的理解——因此，最终获得肤浅的理解。

主题式课程

核心观点：采用主题式教学法有助于摆脱在课程、教学以及学习中出现的碎片化现象。主题式教学法是一种整体教学法，它有跨学科和学科内两个方向。跨学科主题式教学法试图将诸如语言艺术、社会研究以及科学等不同领域内的主要概念串联起来。而学科内主题式教学法关注的重点是学科内部主要概念的理解与整合。

在教育中的恰当运用：合理构想下的主题式教学应以批判性思维为前提条件，因为各领域和学科都要求运用批判性思维来整合概念、深入理解概念。重要的是，教师要提前思考他们要讲的主题，评价它们对学术学习和个人学习的意义。例如，在小学阶段学习一个关于"兔子"的单元时，让学生数兔子、研究兔科动物以及它们以什么为食、画兔子、讨论兔子这种宠物，这样展开主题式教学并没有多大意义。如果在学习"兔子"这个单元时侧重让学生学习兔子的需求、最适宜兔子生活的生态体系、它们如何在那个生态体系中和其他动植物共存、（家养或野生的）兔子如何受到人类的威胁以及受到何种程度的威胁，对于了解兔子来说，这样的教学方式会更有意义。同样，"雨林"这个单元可以这样设计：让孩子们学会用整合思维思考生物学、环境、食物供给、某些民族的文化、全球问题等等。"阐释与推论"这个单元会成为另一个精彩的主题单元（人类是意义的赋予者）。在这个单元的学习中，学生将体验解读事件、图片、故事、情景、数据、图表、地图、诗歌、自我行为、新闻、广告等等。再或者，"世界冲突"这个单元可以这样设计：从动物在自然界中的冲突谈起，然后转移到人类冲突（包括故事冲突、争论冲突、竞争冲突、社会冲突、经济冲突和战争冲突）。

主题式教学（也是主题式课程设计）成功的关键是：关注重要的概念，有明确的目标，包括解决问题和推理环节，让学生学会将所学知识运用到生活中，并且在此过程中对自己的思考进行评价。

可能的误用：主题式教学常见的一个问题是，教师未经过慎重思考就选定主题，导致主题式教学未能整合重要的概念或观点。毫无疑问，主题式教学不够深入，必然会导致学生学得肤浅。

参考文献

Bradberry, T. & Greaves, J. (2005). *The Emotional Intelligence Quick Book: Everything You Need to Know to Put Your EQ to Work.* New York: Simon and Schuster.

Coffield, F., Moseley, D., Hall, E. & Ecclestone, K. (2004). *Learning Styles and Pedagogy in Post-16 Learning: A Systematic and Critical Review.* London: Learning and Skills Research Centre.

Curry, L. (1990). A Critique of the Research on Learning Styles. *Educational Leadership, 48* (2), 50-56.

Goleman, D. (1996). *Emotional Intelligence: Why It Can Matter More than IQ.* London: Bloomsbury.

Hirsch, E. D. (1987). *Cultural Literacy: What Every American Needs to Know.* Boston: Houghton Mifflin.

Murnane, R. J. & Levy, F. (1996). What General Motors Can Teach U.S. Schools About the Proper Role of Markets in Education Reform. *Phi Delta Kappan, 78* (2), 108-114.

Newman, J. H. (1996). *The Idea of a University.* Binghamton, NY: Vail-Ballon Press. (This work was originally composed in 1852.)

Paul, R. & Elder, L. (2006). *The Art of Socratic Questioning.* Dillon Beach, CA: Foundation for Critical Thinking Press.

Paul, R., Elder, L. & Bartell, T. (1997). *California Teacher Preparation for Instruction in Critical Thinking: Research Findings and Policy Recommendations.* California Commission on Teacher Credentialing. Sacramento: Foundation for Critical Thinking Press.

Reich, R. B. (1992). *The Work of Nations.* New York: Vintage Books.

Stahl, S. A. (2002). Different Strokes for Different Folks? In Abbeduto, L. (Ed.), *Taking Sides: Clashing Views on Controversial Issues in Educational Psychology* (pp. 98-107). Guilford, CT, USA: McGraw-Hill.

Sternberg, R. J. (1997). *Thinking Styles.* New York: Cambridge University Press.

附录 [11]

本附录旨在简要介绍批判性思维的基础概念，本指南中给出的所有分析均以这些概念为基础。

如何识别主题结构：思维的要素

思维的要素：所有的思维都有八个基本要素。我们每次思考时，总会先假设可能产生的结果和影响，然后在此基础上有目的地进行思考。为了回答问题、解决难题或消除争议，我们会利用概念和理论来阐释数据、事实以及经历。换句话说，所有的学科思维方式都会：

- 确立目的
- 提出问题
- 使用信息
- 运用概念
- 作出推论
- 作出假设
- 产生影响
- 体现视角

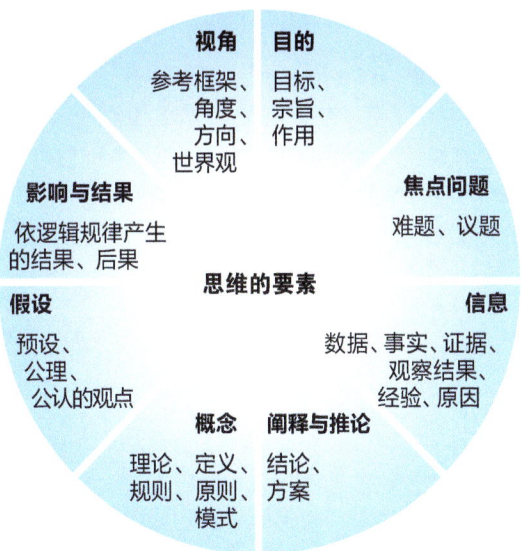

视角
参考框架、角度、方向、世界观

目的
目标、宗旨、作用

焦点问题
难题、议题

影响与结果
依逻辑规律产生的结果、后果

思维的要素

假设
预设、公理、公认的观点

信息
数据、事实、证据、观察结果、经验、原因

概念
理论、定义、规则、原则、模式

阐释与推论
结论、方案

---

11 要想更深入地理解这些概念，请参阅理查德·保罗和琳达·埃尔德所著的《批判性思维工具》（2006 年）或者"思想者指南系列丛书"。

每一个要素都会对其他要素产生影响。如果你改变了目的或者议程，意味着亟待解决的问题和难题变了。要解决的问题和难题变了，意味着你要重新寻找并收集新的信息和数据……学生要想学会按照某一学科的思维方式思考，他们必须对每一个思维要素都非常熟悉。当他们在听课、讨论、研读课本以及学习概念、规则和理论时，他们应该寻找这些要素……

必须用普遍认知标准来评价一切思维的质量

为了评价思维的质量，我们必须能够理解并运用普遍认知标准。理性的人会运用这些普遍标准来评判推理。当学生内化并常规性地使用这些标准时，他们的思维就变得更加清晰、准确、精确、相关、深刻、宽广、公正。注意，这里我们只谈到了部分标准。其他标准包括：可信性、充分性、可靠性和实用性。

清晰性：内容易懂，便于理解

准确性：不存在错误或曲解，是正确的

精确性：必要细节精确无误

相关性：与亟待解决的问题相关

深刻性：包含复杂的事物和多重相互关系

宽广性：包含多种视角

逻辑性：各部分相互呼应，互不矛盾

重要性：关注重要部分，而非细枝末节

公正性：公平合理，而非自私或者片面的

批判性思考最终的目标是促进认知品质或认知特质的发展

学生需要获得的不仅仅是认知能力（通过常规性地将认知标准运用于推理要素而得以培养），还有认知品性。要想拥有卓越的思想，以下这些品质必不可少。它们决定了一个人的思考是否深刻，是否正直。

认知正直

认知自主   认知谦逊

认知共情   认知品质或特质   信赖推理

认知勇气   认知毅力

公平公正

思辨者常规性地将认知标准应用到思维的要素中，
从而培养其认知特质。

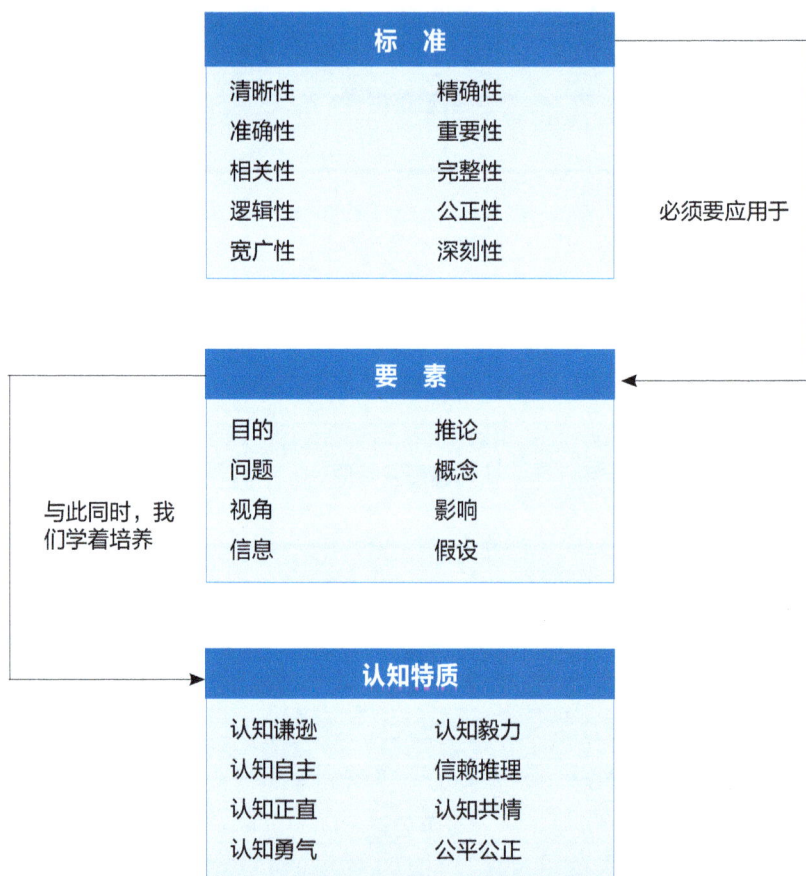

标　准	
清晰性	精确性
准确性	重要性
相关性	完整性
逻辑性	公正性
宽广性	深刻性

必须要应用于

要　素	
目的	推论
问题	概念
视角	影响
信息	假设

与此同时，我
们学着培养

认知特质	
认知谦逊	认知毅力
认知自主	信赖推理
认知正直	认知共情
认知勇气	公平公正

.